耳を澄まして

音風景の社会学／人間学

聖シュテファン寺院の音／巴里／旅すること
人間・身体／環境・世界／感性と想像力
音楽と絵画／時間の神／祈りの言葉

山岸 健　山岸美穂

人文書館
Liberal Arts
Publishing
House

〈汝自身を知れ〉

デルポイのアポロンの神殿の銘

種蒔きの時期を逸せず、晴雨に関わらず耕して蒔き、
畑が麦の穂に溢《あふ》れるよう、早朝から励め。

ヘーシオドス『仕事と日』松平千秋訳、岩波文庫、六五ページ。

ヘーシオドス

どうです、この記憶という野原と洞穴と岩窟。

アウグスティヌス『告白』Ⅱ、山田晶訳、中公文庫、二七一ページ。

アウグスティヌス

感性は地上のものである。理性は観照するとき、感性のそとに立つ。

過去の時代と大地の状態を認識することは、人間精神の花であり実である。

レオナルド・ダ・ヴィンチ

『レオナルド・ダ・ヴィンチの手記』杉浦明平訳、岩波文庫、上、七〇ページ、下、一五四ページ。

装画・山岸 健

デルポイ（デルフィ、デルフォイ）の
〈汝自身を知れ〉という銘で名高いアポロンの神殿と
円形劇場、古代ギリシアの名高い遺跡だが、神託の地だ。
行為と演技、声などがイメージされる。

スケッチ：山岸 健

ゴンドラはヴェネツィアの特別席であり、旅のハイライト、
ゴンドラの進行音と波の音は、ヴェネツィアの音の原風景だ。
舟唄がイメージされる。

犬をつれた婦人と婦人との出会いと交わり、サルトルがいう人間的空間が
イメージされる。まるで舞台のように見えるが、ヴェネツィアでの日常
生活の光景だ。人物の後方に、運河に架かる小橋が見える。
道（ホドス）は出会いの場（トポス）となる。

撮影：山岸 健

耳を澄ましで◎音風景の社会学／人間学

目次

序にかえて

ミレーの「晩鐘」と音風景《サウンドスケープ》、そして思い出の書物に。

私の哲学は行為と、自然な現在の実践の中にあって、想像の中にはほとんどない。　モンテーニュ

モンテーニュ『エセー』5、原二郎訳、岩波文庫、一〇五ページ、第三巻、第五章。

自然は人間を形成し、人間は自分自身をつくり変えるが、この変形もまた自然である。

世の中ではすべてが他との関係で作用する。

ホメーロス〈コンスタンティノープルで発見された破片による〉

――〈ゲーテはホメーロスの石膏の胸像の複製を目前にして見ることができない、吟遊詩人ホメーロスについての思いを綴っている。観相学の立場からの言葉だ。――ゲーテが見るところではホメーロスの風貌を眺めていると記憶によってかたちづくられた、内へと向かっていった視力の輝きが感じられる詩人の父の姿が浮かんでくる。　山岸　健〉

この額、このこめかみを見よ。それらの中にはいとも純粋な音の釣り合いがある。この眼をみよ。それは観ることも、知覚することもない。それは耳そのもの、内面の感情への注意そのものである。

ゲーテ

『ゲーテ形態学論集　動物篇』木村直司〈編訳〉、ちくま学芸文庫、一一三―一一四ページ、観相学一般について、一九ページ、観相学者の一見誤った推論、二一五ページ、観相学的診断。

人間とは何か。人生とは何か。

日が昇り、日が沈む。一日、一日は人びと、それぞれの人生の大切な舞台であり、人生のみごとな現場、さまざまなドラマとエピソードの源泉である。

　人生と呼ばれるすばらしい書物は、一人、一人によってたえまなしに書きつづけられており、一日、一日をおろそかにすることはできない。私たちは、日々、新たに生きなければならない。一日のリズムがあり、さまざまなリズムがある。

　人間とはいったい何なのか。人間は明らかに精神と身体だが、感性と想像力、理性と知性の全体性において、記憶と記憶力、さまざまな力と行動や行為において人間の多様な姿が浮かび上がってくるように思われる。

　人間と意味——意味の理解と解釈というと、ただちに言語や言葉、文章や語順などが浮かび上がってくるが、人間の生活と生存、人びと、それぞれの人生や日常生活が全体的に意味そのものだといってもよいほど人間は意味のなかで、意味を紡ぎ出しながら生きているのである。

　大空と大地の人、作家であり飛行士、サン＝テグジュペリは、動物は事物それ自体にしかいたらないが、人間は意味を糧としているという。人間の生活と生存、存在は意味としっかりと結ばれているのである。

　朝方の家事があるが、夕べには家は思い出を秘めた書物になるというサン＝テグジュペリの言葉がある。思い出には時の香りのようなところがあるが、思い出とは紡ぎ出された意味の統一された集積であり、誰にとっても思い出は深い時間、時空間ではないだろうか。

戦争か、平和かという厳しい戦乱の時代、動乱の時勢にサン＝テグジュペリが書き記したつぎのような言葉に彼の思いや心情が集約されている。

人生に意味を　un sens à la vie

人生に意味を与えなければならない、という趣旨の言葉だが、人生をどのように方向づけていくか、それが問題なのだ。サン＝テグジュペリは、人生はただ在るのだ、と書いている。

ここに見られる〈サンス〉sensという言葉には感覚・意味という意味と方向という意味がある。意味―方向はひとつになっている。意味―方向は矢印であり、河川のほとりで流れていく水の方向性がはっきりと分からない時にはとまどってしまい、不安に襲われてしまう。

日常生活のいたるところで誰もが方位や方向、目印や矢印、道しるべを探し求めたり、確認しつづけたりしている。漠然とした時空間、空間、時空間の不明状態は、人間にとって耐えがたい。

印づけること、区別すること、分類すること、方向づけることは、人生と日常生活においてどうしても必要なことだ。意味づけること、方向づけることは、生きることと一体となっているのである。

任務や責任を果たすこと、人間関係や共同生活、家族や家庭を大切にして、自分の立場を心得ること、人と人とのつながりや結びつき、絆を尊重すること、人生と日常生活に心を傾けること、人間であること、人間となっていくこと、意味のなかで深く生きること――サン＝テグジュペリはこうしたことに常々関心を抱き、真剣に生きることに情熱を注いでいたのである。
経験的な社会学、経験的な真理などという言葉がサン＝テグジュペリが書き遺した言葉のなかに見出されるが、彼は寺院の彫刻家の営みや彼らの作品の主題やテーマなどに注目して経験的な社会学という言葉を用いている。生活と労働、日々の仕事と営み、人と人とのつながり、協力、任務……こうしたことに着眼しながらサン＝テグジュペリに経験的な社会学という言葉が浮かんできたのではないかと思われる。ことによれば、彼は画家ミレーの画業と画風について思いを抱いていたのかもしれない。彼は讃歌や詩や祈りをつうじて美しき者となる人間を真の人間と呼んでいる。

精神の風が、吹いてこそ。

小説『人間の土地』、この作品の8においてサン＝テグジュペリは、つぎのような言葉をもってこの小説を結んでいる（サン＝テグジュペリ、堀口大學訳『人間の土地』新潮文庫、8）。

精神の風が、粘土の上を吹いてこそ、はじめて人間は創《つく》られる。

『聖書』の創世記の一シーンやルネサンスの代表的人物の一人ミケランジェロの名高い絵画の一シーンが思い出されるような言葉だ。サン＝テグジュペリは、人間の誕生や人類の創始について思いを深くしている。
イタリアの各地を旅していた折に私たちは家族でローマに到着、ゲーテのことなども思い出しながら、名高い遺跡や名所を巡り、ヴァチカンに向かう。聖ピエトロ寺院を訪れてからミケランジェロやラファエロなどの絵画で名高いところへ。私たちはシスティーナ礼拝堂でミケランジェロの天井画など美術史を飾っている絵画作品を鑑賞したのだった。まことにみごとな壮大な美しいスペクタクルを体験したのである。

『聖書』創世記、一章七節に関わる一シーン――「アダムの創造」（イタリア語ではアダムはアダモ）、私たちは天井や大空を仰ぐようにして人類誕生の決定的瞬間を描いた画面を驚きをもって体験したのである。

大風を巻き起こしながら飛来した父なる神の右手の人さし指と大地に身を横たえる姿で描かれているアダム（アダモ）が差し出している左手の人さし指とが間一髪、触れ合わんばかりの緊張感に富んだシーンが力動感と緊張感をもって表現されている。描かれた神の右手とアダムの左手はのび切った状態だ。人差し指と人さし指のドラマであり、大空と大地、陸地、地上の緊張感に富んだ時空間のドラマである。

〈時間〉と〈空間〉がア・プリオリ（先験的）に、事前にあったわけではなく、飛来した神の飛翔によって〈時間〉と〈空間〉が生まれたのだ。まことに注目に値するドラマだ。

ドイツの哲学者フォイエルバッハは人間の感性におおいに注目した人物だが、彼には人さし指は無から存在への道しるべである、という言葉がある。

存在と無、自己の存在証明、アイデンティティについて

フランスの作家、哲学者、思想家であるジャン＝ポール・サルトルは、人間を存在の無、存在欲求、意味づける存在などとしてイメージしている。人間は自分がそれではないところのものによって自分を確認する存在なのである。

存在とはいうものの、存在の無、人間ははたして実体としてどこまでイメージされるのか。サルトルはカフェをそのさまざまな側面と状態、光景において存在充実として理解している。カフェのボーイは、本当のところはボーイでないのだが、ボーイであることを演じているのだ。身ぶり、手ぶり、歩き方、立ち姿、まなざし、言葉づかいなどにおいて、ボーイにはボーイのダンスがあり、ときところをわきまえて、一人のボーイとなっているのである。こうした場面でサルトルは自己《じこ》欺瞞的《ぎまんてき》行為という言葉を用いている。パリ、サン＝ジェルマン＝デ＝プレの交差点にはサルトル‐ボーヴォワール広場がある。サルトルにおいては意味づける営みは人間のアイデンティティ、存在証明・自己同一性となっている。

ミハイル・バフチンは、体験を意味や対象への関係として理解しており、この関係を抜きにして体験はそれ自体では存在しないという。――「体験――それは存在における意味の痕跡であり、存在の表面での意味の反映であって、体験は自身の内側から自力で生きているのではなく、その外で捉えられる意味によって生きている。なぜなら体験が意味を捉えないとき、体験はそもそも存在しないからである」（『ミハイル・バフチン全著作　第1巻「行為の哲学によせて」ほか』伊東一郎・佐々木寛訳、水声社、二五三ページ、「美的行動における作者と主人公」第4章　主人公の時間的全体）。

音の絵画のような、交響曲《シンフォニー》のような

　サン＝ジェルマン＝デ＝プレはセーヌ左岸の要所であり、歴史的なトポス、場所である。交差点にあるパリ最古の教会、サン＝ジェルマン＝デ＝プレ教会はまことに暗々としている森そのもの、静寂の地である。一歩外に出ると、騒音の巷だ。いろいろな音が入り乱れて音の壁がイメージされる。カフェのテラス席、道に張り出した明るい席は、パリにおける音体験や音風景の最前線である。

　パリでのことだが、海を夢見ていたポール・ヴァレリーは、パリのさまざまな音によって眠りをさまたげられる。ヴァレリーは騒音の遠近法によって描かれたような音の絵画という表現を用いながらパリの存在について文章を綴っている。

　画家ボナールが描いた絵には、パリの街頭風景がモチーフとなって制作された作品がある。行き交う人びと、乗り物などが描かれており、音の絵画そのもの、騒音の遠近法がはっきりと体験されるような絵画である。


　セーヌ川の水辺、プロムナードやさまざまな河岸を歩いた時に体験される音や騒音、雑音がある。ところによって音の様相が異なっている。片隅の静寂がある。都市空間のそこ、ここで体験されるさまざまな音のリズムがあり、都市空間で体験される交響曲、シンフォニーがある。クロード・レヴィ＝ストロース、社会人類学者の目には、パリという都市がふたつとないシンフォニーとして映っている。パリの各区、カルチェやさまざまな界隈、片隅で体験される多様な音や音の絵画的な様相がクローズアップされてくる。昼夜やさまざまな時間帯によって、ところにより、音風景はさまざまに異なる。

かつては物売りの呼び声や音がパリのそこ、ここで人びとの耳に触れていたのである。〈真正、パリの物売り声〉と題されたさまざまな物売りの姿、服装やポーズ、呼びかけの声などが表現された図版がある。一七七五年頃の風俗画ということもできるオルレアンの図版もある。風車《かざぐるま》売りの図、右手に一本の風車、左手に風車が三本――「ヒュー、ヒュー、風車《かざぐるま》だよ」という言葉が添えられている。リルケの小説『マルテの手記』に姿を現す物売りの姿と声がある。ヘミングウェイの『移動祝祭日』の一シーン、セーヌ左岸のデカルト街界隈の物売りについての記述が見られる。パリのさまざまな姿と声、風俗を思い浮かべることができるが、パリ生活を体験したことがある島崎藤村は、回想しながら、パリには響きがあり、東京には声があると書いている。東京で藤村の耳に触れていた物売りの声が藤村にとっての音風景として記憶されていたのである。

パリ、セーヌ川はパリの発祥の母胎となっていた母なる川である。水の流れに沿ったプロムナード、散歩道は、そこでパリの自然がやさしく体験される大切なところだが、パリの都市空間はやはり石、また石であり、プルーストがいうようにパリは石の都である。だが、光の都パリという名称は、パリについてのみごとな表現だ。

水上瀧太郎、島崎藤村のパリ

時はさかのぼって大正時代、数年たってのことだが、アメリカからイギリスへ、機をうかがってパリへ、後にパリでの日々について水上瀧太郎（作家であり、実業家）が書き記した文章がある。島崎藤村についての敬愛に満ちた記述である。
チャンスを見てパリ入りした水上は、パリのセーヌ左岸のカルチェ・ラタン、ラテン区、その一画に位置しているソルボンヌ広場に近いところにあったホテル・セレクトに投宿する。このセレクトには先客として小泉信三と沢木梢（小泉信三は慶應義塾長となった経済学者、沢木梢［四方吉］は美術史の研究者である）が滞在していた。この二人はやがて日本へ帰国する。ちょうどその頃、パリの天文台の近くでパリ生活を体験していた藤村は、今度はホテル・セレクトに移ってくる。水上のホテルの部屋の上のほうの階に藤村の部屋があった。上の藤村の部屋の音、動きや様子が感じられるような物音などが下の階にいる水上の耳に触れることがあった。ホテル・セレクトはソルボンヌの鐘の音が漂い流れてくるようなところだった。

文献　『水上瀧太郎全集』十巻、岩波書店所収、島崎藤村先生のこと、参照。

島崎藤村は心に太陽を、という願いを抱いていた人であり、夜明けを待ちつづけていた信州人である。生まれ故郷・馬籠は今日、岐阜県中津川市の市域となっている。小諸での日々を思うと藤村には信州人の面影が漂っている。
〈簡素〉という二文字が書かれた藤村の色紙がある（小諸・藤村記念館所蔵）。生活、おもむくままに生活をおしすすめていく、という藤村の言葉がある。

かつてセーヌ左岸にオルセー駅があった。今日、フランスの近代絵画の殿堂となっているオルセー美術館、どことはなしに駅の面影が漂っている。大時計がある。このミュゼ、美術館では耳を澄ましてかつての列車のさまざまな音に思いを広げたいと思う。モネやセザンヌなど数々の絵画の光が体験されるが、このみごとなオルセーの一画にミレーの名高い絵画が何点も展示されているコーナーがある。

フランス・ブルターニュ半島のとある村に生まれ育ったミレーほど自然と大地、農民の生活と労働、人生の旅びとの日常生活、家族と家庭、子どもなどに肉迫した画家はいないだろう。

夕べの鐘の音

ここではジャン＝フランソワ・ミレー（一八一四〜七五）の絵画一点「晩鐘」（一八五九年）について、耳を澄ましながら画面をきめこまやかに見たいと思う。ここからそこへ、かなたへ広がりゆく夕暮れの大地、地平線に姿を現している教会から聞こえてくる夕べの鐘の音、どのような音色や響きなのだろう。余韻や残響はいったいどのような状態だったのか。教会の鐘の音は人びとに救いをもたらしてくれる大切な、やさしいぬくもりに満ちた原郷の音なのである。

人物は二人、夫と妻が描かれている。真正面から向き合っている姿ではない。二人の向きは微妙にずれており、緊張感がいくらかほぐれている。二人はしっかりと結ばれており、夕べの祈りのなかで心はひとつ、深い時間を生きている。二人の足もとには農具や運搬の車が姿を見せており、労働の生活が浮かび上がってくる。ミレーは徹底的に大気と光と時間に、労働と生活、平安と休息にアプローチしている。大地と時空間、環境と世界が鐘の音によって意味づけられている。じゃがいもが描かれている。見落としそうな片隅だが、大切なシーンだ。

ミレーへの深い思いがにじみ出ているロマン・ロランの作品がある。一九〇二年に出版された『ミレー』である。ロマン・ロランはミレーの作品と画業に注目して田園生活の詩をイメージしている。古代ギリシアのヘーシオドスの『仕事と日』に思いが広がる。ミレーの作品は寺院の彫刻家やフランコ・フランドル派の装飾画家がたゆまない熱心さをもって、田園生活の主要な情景を描いた中世の暦、カレンダーを思わせる、とロマン・ロランが書いている。だがミレーの暦はまったく祭日がない暦であり、勤勉と家庭生活との福音書《ゴスペル》なのだ。

ロマン・ロランは、ミレーの「晩鐘」に音楽的な魅力と呼ばれるようなものを見出している。音や音楽がイメージされる画面がミレーによって制作されているのだ。

文献　ロマン・ロラン、蛯原徳夫訳『ミレー』岩波文庫。

サウンドスケープの提唱者マリー・シェーファー

音風景、サウンドスケープ、環境の音の研究の扉を開き、さまざまな方法によって理論的実践的にサウンドスケープ研究を繰り広げてきたカナダの音楽家、研究者、実践者、R・マリー・シェーファーには〈ヨーロッパの音の日記〉と題された仕事がある。

ヨーロッパの各地で行なわれた音の探訪記、サウンドウォークだが、フランス・パリにおいてはルーヴル美術館の絵画についての記述が見られる。ミレーの「晩鐘」について描かれた人物が何に耳を傾けているのか、彼らの唇は開かれているのか、祈禱の姿についての記述だが、マリー・シェーファーは、ミレーの晩鐘に注目して画面の音風景について設問している。つぎのような文献がある。

文献　*European Sound Diary*, Edited by R.Murray Schafer, Published by A.R.C.Publications Vancouver,1977.

絵画は音の宝庫なのである。音楽と絵画の深いつながりに注目したいと思う。日常生活においては、なんとさまざまなリズムが日々、体験されていることだろう。太陽は根源的なリズムなのである。

アルカディアを探しに！

ここにつぎのような言葉が見られる。

われもまたアルカディアに！

ラテン語とドイツ語ではつぎのように表記される。

Et in Arcadia ego / Auch ich in Arkadien !

アルカディアはギリシアのペロポニソス半島の大地に姿を見せている地名であり、海辺ではなく、陸中の一地点、名高いトポス、場所、ところだ。アルカディアは平和郷、理想郷がイメージされる地名である。楽園、パラダイスと呼ぶこともできるところといってもよいだろう。

人生を旅している人びとの日常生活は、いずこにおいてもアルカディアを探し求める、またアルカディアを築こうとする試みや営みではないだろうか。家族生活と家庭生活、居住空間、家と庭、食卓などが気にかかる。いま家庭生活はどのような状態で営まれているのか。家族全員で食卓を囲むことは、日常的な営みとなっているのだろうか。居住空間にはどのような食卓や一家団欒の場が姿を見せているのか。

団欒という言葉は車座になることを意味している。分裂ではない。談話であり、触れ合い、交流、水入らずの生活がイメージされる日常生活の姿が団欒という言葉に凝縮されている。糸という文字や言葉、言語の言という文字が木という文字によって支えられている。

草花や草木、樹木は大地や人間としっかりと結ばれている。ドイツの詩人ヘーベルは、人間は草木であるという。フランスの作家バルザックは、ぶらつくことは草木のように生きることだ、と書いている。樹木はなかば家の象徴だ。一八世紀のことだが、イタリアのナポリに生まれた歴史家、思想家、ヴィーコは、家は屋根に象徴されているという。

「初めに森、つぎに小屋」

文明の進歩の段階はつぎのような順序で見られる。ヴィーコの見方だ。――初めに森、つぎに小屋、村落、そして都市、学校。――人間の身体の部位、部分、人間の動きや姿、情動などは、人間とは別個な対象や事象などにおいて、表現や記述の手法として援用されている、というヴィーコの見解がある（ヴィーコ『新しい学』一七二五年）。例えば家の目は窓。ヴィーコにならうならば、河口、入り口、出口、扉口、開口部などという言葉がある。

家の目、窓――牛の目、ブルズ・アイと呼ばれる窓がある。家族三人でゲーテ街道の各地を旅した時、私たちはハレのスクール、由緒ある建造物の壁に牛の目状の窓を見たことがある。窓の文化があるが、自然と文化、歴史、人びとの日常生活が一体となっているような風景がある。大地と風土、風景、音風景、さまざまな自然と文化などを体験したり、理解したりするということは、人生と呼ばれる大いなる旅のそのつどのさまざまな旅においてきわめて大切なことではないだろうか。旅とは人間のよみがえりであり、生存感の深化と拡大である。自己探究、自己発見の有力な方法・道、それが旅である。

人生の旅びと、それぞれの大いなる旅は日常生活において、日常生活によって日々、意味づけられており、多様な体験や経験によって方向づけられている。生きるということは生活史の先端において、過去と現在と未来を展望しながら、記憶の糸をたぐり寄せ、先々のことをイメージして、いま、この時、ここにおいてベストを尽くす、勇気を出してさまざまな力を発揮して、雄々しく行動し、行為するということだ。深くものを思い、人情のなかで生活を築くために努力する人間は、行為者なのだ。

感性と想像力は、理性や知性とともに人生の旅において有力な方法・道なのである。

日常生活はあくまでも実践的で具体的であり、生命の維持活動そのもの、労働と仕事、任務、課題の解決などがたえまなしに要求されているが、日常生活においては、どのようにしてさまざまな楽しみや喜び、慰めを体験するかということが、どうしても必要だ。労働する動物、遊ぶことを心得た動物（ホモ・ルーデンス――ホイジンガ）などという表現があるが、労働も遊びや余暇活動も、旅することも、人間形成において重要な営みなのである。

旅することは大きな楽しみごとだが、旅にはいくらかは冒険といいたくなるところがある。家、安住の地から外へ。旅に出るということには、気がかりなことや不安感がつきまとって離れない。だが、旅の楽しみや喜びは大きい。旅には自分自身の新たな姿を見出したり、別人のようになるチャンスが潜んでいるからだ。旅には創造的な革新、よみがえりが期待されている。

古代ギリシア、ホメーロスの『オデュッセイア』の一シーン。数々の困難と危険を体験したオデュッセウスは、ようやくの思いでなつかしい故郷、家族、親しい人びとのもとに帰り着く。イタケ島に帰郷する。ところが、周りの人びとにとっては長期間不在だったオデュッセウスは、一人の不審な身元不明な人物にしかすぎない。身の証しを立てなければならない不在者、帰還者であるオデュッセウスは、中庭に生えていたオリーヴのことを思い出す。中庭にあたるところに部屋、寝室を造った時にこのオリーヴの枝葉をはらって残しておいたオリーヴの幹をベッドの支え柱として活用したことに気がつき、このオリーヴのエピソードを人びとに紹介することによって、自分がまぎれもなくオデュッセウス本人であることをこの不在者は証明することができたのだった。まことにめでたいシーンだ。

イギリスの作家ギッシングは、『ヘンリイ・ライクロフトの私記』の一場面でオデュッセウスのオリーヴと家庭についてのエピソードを紹介して、心からの共感を示している。オリーヴは平和のシンボルであり、家庭生活は人生の旅びとにとってこのうえなく意義深い大切な生活なのだ。

家の窓、家の灯、さまざまな部屋、いろいろな片隅、なにもかもが思い出や記念、忘れがたい記憶のよりどころではないだろうか。家は人びとにとって言葉では表現しがたいほどすばらしいものではないかと思う。家は建造物だが、日常生活と人生のさまざまなドラマやエピソードのるつぼ同然であり、人びとにとってかけがえのない安住の拠点なのである。「初めに森、つぎに小屋」だが〈ヴィーコ〉、家や家屋は浄められた聖地、かけがえのない〈アルカディア〉なのである。バシュラールの表現を援用するならば、家は世界の片隅であり、巣であり、繭《まゆ》であるとともに貝殻であり、城なのだ。限りなくソフトであり、限りなくハード、それが家であり、人生の旅びとは、さまざまな樹木に家を夢見ることができるだろう。〈アルカディア〉は私たちのすぐ身近なところに見出されるのではないかと思う。

オーストリアの社会学者アルフレート・シュッツは、そのエセー「帰還者」（英文のタイトル the homecomer）においてホメロスが書き記したオデュッセウスのイタケ島への帰還をモチーフとして考察を試みている。シュッツは現象学的社会学の先導的な研究者だ。

現象学の道を切り開いたフッサールには「意識としての生のヘラクレイトス的な流れ」という言葉

がある。

　ルーマニアの宗教学者エリアーデは、自宅を離れて外出し、ほかのところで仕事、務めを果たして無事、帰宅する事例を示して、こうした自宅への帰還、帰宅をオデュッセウスのイタケ島への帰還と同一視している。マイ・ホームへの帰還は、まことにめでたい、喜ぶべきことなのだ。

　いま、人生の旅びとは、マイ・ホームへの帰還をどのような気持ちで受け止めているのだろうか。

思い出の書物になるということ

　大空と大地の人、星や地球、家や灯火、家族や家庭、人生、人間、存在、意味、意味の磁場などに深い関心を抱いていた作家、飛行士、実践家、思想家ともいえるフランスのリヨンに生まれたアントワーヌ・ド・サン＝テグジュペリは、粉をこねる、ねるといった朝方の家事に着目しながら、家は夕べには思い出の書物になるという。思い出の書物――注目したい表現だ。部屋や家は、明らかに思い出の、記憶すべき数々の記憶の、ドラマとエピソードの、驚くべき書物なのだ。

　一冊の、一点の書物、それは大切な〈家〉なのである。支えやよりどころ、居場所、安住の地、座席、世界の大切な片隅、身心のよりどころ、〈記憶の絵本〉（ヘルマン・ヘッセの表現）の忘れがたい一ページ、それが書物であり、書籍、一冊の本である。本は木とともに、といいたくなる。本や書物は、まさに家であり、館なのである。

一ページ、一ページは、一葉《ひとは》、一葉《ひとは》だ。樹木には大地の目印、ランドマークのようなところがある。ドイツのロマン派の画家フリードリッヒには大地に姿を現している一本の樹木が描かれた絵画がある。ドイツを家族で旅していた時、ドレスデンの美術館でフェルメールの絵画「窓辺で手紙を読む少女」やフリードリッヒの数々の絵画を鑑賞したことがある。フリードリッヒには窓や窓辺の画家と呼びたくなるような姿が見られる。

あらゆる絵画を壁と窓とのコンプレックス、壁であり特別な窓と呼ぶことができるだろう。どのような絵であろうと絵画ははるかなる麗しい光景なのである。

感性と感覚、五感、精神と身体、イマジネーション、生命と生命力の顕現、独自の方法によって表現された眺め、それが絵画だが、アルカディアや楽園と呼びたくなる絵が数々ある。

原初の絵画、洞窟や岩窟、地下の大地に描かれた壁画――彩色された画面を飾っている人間の行為をサン＝テグジュペリは、永遠の泉と呼んでいる。泉、水は生命と同義である。

音が体験されない絵があるのだろうか。さまざまな音は、宇宙や大地やさまざまな環境の普遍的な現象や出来事であり、さまざまな動静の印である。静けさ、静寂、沈黙は、音の様相であり、音の根源的な大地である。〈耳を澄まして〉さまざまな音を体験したいと思う。音において、音とともにイメージされる、浮かび上がってくる環境や世界、自然や文化、歴史、人びとの日常生活の姿や様相がある。

ローマよ、アルカディアよ、太陽の光輝よ！　ゲーテの『イタリア紀行』で。

〈われもまたアルカディアに！〉――この言葉は文豪ゲーテ（Johann Wolfgang von Goethe, 1749-1832）の作品『イタリア紀行』の副題となっている言葉だ。

一七八六年九月三日、ゲーテはまるで身を隠して、とでもいうような状態でカールスバートをひそかに抜け出して旅を始める。『イタリア紀行』の最初のページに見られる日付は、一七八六年九月四日、レーゲンスブルクにて。

イタリアへの旅は一七八六年から八八年にかけて行なわれたが、紀行文の出版は一八一六年から一七年にかけてのことだった。ゲーテの第二次ローマ滞在に関わる紀行文の出版は一八二九年のことである。アルプスの北の霧の国から南国、太陽の国ともいうことができるイタリアへの旅、地中海のゲーテが女王と呼んだシチリア島への旅、こうしたイタリア各地の旅は数ある旅のなかでも白眉の旅であることはいうまでもない。一九世紀、ヨーロッパに姿を現した新しい科学、《社会学》の基本的なテキスト、社会学の原風景と呼ぶこともできると思われるゲーテの『イタリア紀行』には特別な注意を払いたいと思う（ここでのゲーテとその旅については『イタリア紀行』上、ゲーテ、相良守峯訳、岩波文庫、解説、特に一〇ページ、など参照）。

いま手もとにゲーテのこの注目に値する作品『イタリア紀行』の原書がある。この原書の扉には「ゲーテ　イタリア紀行」とドイツ語で表記されており、図版が添えられていることも記されている。ミュンヘンの出版社名が記載されており、扉のレイアウトが整えられており、「自叙伝的な書簡」と記されたページもある。本文が始まる入り口となっているページ、タイトルのページ――

ITALIENISCHE REISE　Auch ich in Arkadien !

一〇月二七日夕、テルニにて、と記されている文章のなかに円形劇場や水道や寺院などを市民の目的に適う第二の自然と呼んでいるところがある。「私はいつもただ眼をば見ひらき、印象を正しく受けとろうと思っている」（邦訳、同書、上、一六三ページ）。ゲーテは目と太陽の人物だ。

昇りゆく太陽、夕日、昼と夜、一日のリズムがあり、四季のリズムがある。さまざまな花の開花のリズムはやさしいリズムだ。

希望という大いなる光

私たちのハイデルベルクへの旅がある。宿は旧市の中心部の広場のすぐ近くの〈ツム・リッター〉だった。旧市街地、アルトシュタットのたたずまい、独特の雰囲気が体験されたが、ネッカー川の流れと旧市街地、名高い古城、教会、古い橋、大学の建物、ネッカー川の右岸の小高いところにあった哲学者の道を思い出す。家族三人で散策した道だ。〈ツム・リッター〉は若き日のマックス・ウェーバーが宿泊したホテルだ。このホテルでも、大学の建築においても、ハイデルベルクのそこ、ここでも社会学者マックス・ウェーバーの日々と活動を絶えず思い浮かべたのだった。

ゲーテの『イタリア紀行』ドイツ語の原書は、ハイデルベルクの書店で求めた旅の記念の書物である。ハイデルベルクへの旅はいまも消え去らない。過去は生きつづけている。旅のシーンが生き生きとよみがえってくる。

旅は終わることがないのだろうか。記憶と記憶力は、生命力そのものではないかと思う。一日、一日は、つながり、重なり、持続的に創造的にかたちづくられていく。希望を抱きながら、一歩、一歩、前進していきたいと思う。希望は灯火であり、大いなる光なのである。

第I部　ウィーン・シュテファン大聖堂の音──抒情と思索

アートによって──日常的世界のなかで

人びとがそこで生きている日常的世界は、社会的文化的世界だが、根底的には自然によって包みこまれた、自然に根ざした世界、いわば人間の生活と生存の舞台と領域なのである。人びとのなかで、私たちの誰もが、さまざまな光や明暗、さまざまな静けさや音や音楽などを日々、体験しながら、人生の一日、一日を旅しているのである。人間は、自己自身の身体と五感によって、世界に、人びとに、道具や作品に、色や形や音などに巻きこまれながら、自己自身と向き合いつづけているのである。世界体験こそ、生活史と記憶こそ、意味の源泉だといえるだろう。人間とは意味のなかで身心を支えながら、身心を方向づけながら、世界と日々のリアリティ、現実を築き上げつづけている生活と生存の主体なのである。だが、人間は、主体ではあるものの、つねにさまざまな支えとよりどころ、さまざまな対象、客体を必要としているから、主体・客体、客体的主体にほかならない。人間の条件について広い視野で考察しなければならない。

アート、芸術は、決して人間の添えものではない。アートによって人びとは、なんと大きな喜びと楽しみ、慰めなどを体験することができたことだろう。人びとがそこで生きている世界は、アートやさまざまな作品によってもかたちづくられているのである。

日常的世界は、光によっても、音によっても意味づけられて（方向づけられて）いるのである。サウンドスケープと呼ばれる風景がある。音のさまざまな様相によって人間的世界は、独自の表情を見せているといえるだろう。人間は、根源的なトポスである自己自身の身体によって、世界につなぎとめられているのである。全身で、五感で、私たちの誰もが、バランスをとりながら、世界を理解しようとつとめているのであり、世界との対話に巻きこまれた状態にある。

光も音も

光が乏しくなると、耳が生き生きと働き始める。耳は、眠りにつかない。五感の力がある。感性、感覚、イマジネーションこそ、人間のアイデンティティの理解にあたって注目さるべきものではないかと思う。

光も、音も、日常的世界へのアプローチにあたって見るべき方法、パースペクティヴなのである。人間的世界は、全面的に雰囲気的世界なのであり、私たちの誰もが、さまざまなトポスや道で、世界の片隅で、つねにさまざまに気分づけられているのである。人間と意味と世界は、ひとつに結ばれているのである。

人間の声は、世界の驚くべき出来事だと思う。音と音楽の地平で、光と明暗の地平で、人びとのさまざまな生活感情と思いがかたちづくられてきたことにも注目したい。

いま、家庭交響曲は、どのように奏でられているのだろうか。人間の命綱となっているような光や音があるが、環境世界や生活世界との対話のなかで人びとそれぞれの生活史がかたちづくられていく人間の生活と生存のドラマに注目しつづけていきたいと思う。

エピグラフ／言葉のちから
――歌という叫び、「音楽」は人間のエクリチュール

歌っている人間を統治しているのは、まさに人間の全体なのである。(中略)

歌という、このもうひとつの叫びは、けっして助けを求めていない。人間の破局を告げるということをけっしてしない。それどころか、歌は、人体という建築が救われたことを表現し、まっすぐに立った、気品のある体形を表現している。(中略)

だれかが歌っているということは、あれこれ特定のものを意味するのではけっしてなくて、ただ人間というものを告げている。それは、気をとり直し、本来のすがたを回復した人間、王なる人間である。叫びは、いわば逃げている動物だ。歌は空に舞う。歌は安堵《あんど》をあたえる。歌は泰平のお触れだ。人間が人間の形を堂々と押しとおしている証拠である。大気は、しだいに神の動きを加重してゆく。宇宙がわれわれに場をあける。宇宙がわれわれの衣服になる。

作品というものは、人間の仕事だ。すぐれた作品は、コントがいっているように、称賛者の行列をしたがえて、われわれのところまで運ばれてきたのだ。過去のほうから聞こえてくるあの一種のざわめきは、明らかに、何か並々ならぬものを通告している。人間社会がすがたをあらわす日があるとすれば、それは、このざわめきの聞こ

えるときだ。

アラン

壮大な「音楽」は、完全な人間の記述《エクリチュール》である。

ヴァレリー

音楽は私を踊らせる、私を息切らせ、涙させ、考えさせる、私を眠らせる、私を雷で打たれ―雷で打つものにする、私を光に、闇にする、私を糸にまで縮小する。

デュフレンヌ

沈黙と根底の音

沈黙は騒音の不在以上のものであろうか。騒音は、表面で破裂するあぶくのように、単に沈黙を破るだけのものであろうか。（中略）或る特定の時刻になると、われわれの周りの世界が静かになるということもある。例えば、サヴァンナに「午《まひる》」が訪れ、都市に夜の帳が降りるような場合。するとこの平穏を破るものが不意に訪れ、平安を乱すのである。だが、静寂が生まれる（作られる）(le silence se fait) と言うではないか。この表現によって沈黙が本来的なものではなくて、いわば自然に反するもの、われわれが強要したり人為的に作り出したりするものであることが確認される。そう、沈黙はけっして暗闇ではなく、つねに相対的なものである。ケージはもっとうまく表現している、「沈黙は、音楽同様、存在しない。つねに音が存在するのだ」と。沈黙と呼ばれているものは、しばしばかすかな物音、あるいは根底の音のことである。（中略）他者とは語る者、私に語る者であるが、彼が沈黙したとしても、われわれの周りにはなお、ラブレーが想像したように、彼の凍てついた言葉がある。大気中に雷雨があるように、聞くべき声があるのである。

同じ白いのでも、西洋紙の白さと奉書や白唐紙の白さとは違う。西洋紙の肌は光線を撥ね返すような趣があるが、奉書や唐紙の肌は、柔かい初雪の面のように、ふっくらと光線を中へ吸い取る。そうして手ざわりがしなやかであり、折っても畳んでも音を立てない。それは木の葉に触れているのと同じように物静かで、しっとりしている。

私は、吸い物椀を前にして、椀が微かに耳の奥へ沁むようにジイと鳴っている、あの遠い虫の音のようなおとを聴きつゝ、これから食べる物の味わいに思いをひそめる時、いつも自分が三昧境に惹き入れられるのを覚える。(中略) 日本の料理は食うものでなくて見るものだと云われるが、こう云う場合、私は見るものである以上に瞑想するものであると云おう。そうしてそれは、闇にまたゝく蠟燭の灯と漆の器とが合奏する無言の音楽の作用なのである。

谷崎潤一郎

私がいつも面白く思うのは音によってその物その物の形を感じることであって、自分が日々手にする茶碗などでもそれを膳《ぜん》の上に伏せた時の音によって丸みのある深い茶碗か、平たい茶碗かが分る。(中略) また座敷などはいった時の音や空気の工合で広さとか狭さとかまた洋館造りの部屋であるとか、いろいろ部屋の様子が感じられる。また庭の趣きなども風の音や木のそよぐ音、筧《かけひ》の音、飛石《とびいし》を伝う音、いろいろ耳で味わうことが出来る。

宮城道雄

「音の河」が流れる

音の河は樹木と樹木のあいだに流れている
積乱雲と玉蜀黍畑のあいだにも
たぶん男と女のあいだにも

きみはその伏流をぼくらの内耳に響かせる
ピアノでフルートでギターで声で
ときに沈黙で

谷川俊太郎

〈エピグラフ・出典〉

アラン　アラン『芸術論集　文学のプロポ』桑原武夫・杉本秀太郎訳、中公クラシックス、一九六一一九七ページ、二三六ページ、文学のプロポ。

ヴァレリー『ヴァレリー全集　カイエ篇　8　芸術と美学　詩学　詩について　文学　詩篇及びPPA』筑摩書房、一四ページ、一八ページ、芸術と美学、三浦信孝訳。

デュフレンヌ　M・デュフレンヌ『眼と耳　見えるものと聞こえるものの現象学』桟優訳、みすず書房、一〇八一一〇九ページ、第2部　感覚的なもの、第3章　聞こえるもの。

谷崎潤一郎　谷崎潤一郎『陰翳礼讃』中公文庫、二〇ページ、二八ページ。

宮城道雄『新編　春の海　宮城道雄随筆集』千葉潤之介編、岩波文庫、六一ページ、耳の生活。

谷川俊太郎『高原文庫』第20号、軽井沢高原文庫、平成一七年七月、二二ページ、谷川俊太郎、「音の河」武満徹に。

「世界」という言葉とともに

日常的世界、西田幾多郎は、このような世界を哲学のアルファ（α）、オメガ（ω）と呼んだが、社会学にとっても、社会学的人間学や感性行動学にとっても、日常的世界こそ、出発点であり、帰着点ではないだろうか。人間の生活と生存、人びとの日常生活、人びとが、私たちが、そこで人生の一日、一日を旅している世界、まさに人間の生活と生存の舞台と領域こそ、人間や社会へのアプローチにあたって、特別に注目に値するモチーフではないかと思う。日常的世界から目を離すことはできない。日常的世界においてこそ、人びとの動き、人びとの生活と生存の様相、人間の姿、社会的現実、多元的現実、意味領域のさまざまなアスペクトと様相などが、さまざまなスタイルでクローズ・アップされてくるのである。社会学においても、感性行動学においても、哲学、哲学的人間学、さらに社会学的人間学においても、日常的世界は、明らかにαであり、ωなのである。

世界――この言葉は、古代ギリシアのヘラクレイトスが初めて用いた言葉であり、彼はいつまでも燃えつづけている火として世界を理解したのである。英語の世界という言葉は、語源的には、年代、時代、歴史、そして人間、このようなふたつのアスペクトにおいて理解される言葉であり、世界という言葉は、歴史的世界、人間的世界としてイメージされるといえるだろう。いずれにしても世界は、時間的空間的世界なのであり、世界という言葉とともに、時間、空間、人間が、クローズ・アップされてくる。カントは、時間と空間を感性の形式と呼ぶ。

ヘラクレイトスは、「同じ川には二度、入れない」といった人であり、ヘラクレイトスとともに流れゆく水、生成そのものといえるような風景が、姿を見せる。明らかに彼は、水の人だが、火のヘラクレイトスにも注目しないわけにはいかない。ヘラクレイトスの生成の哲学とパルメニデスの存在の哲学を極限的に結び合わせて、生をイメージして、生の哲学をみずからのよりどころとした人物こそジンメルその人である。

火が燃えているときの音がある。音の風景として、音をたてて燃えている火は、もっとも印象深いものといえるだろう。人びとの暮らしの中心に、火が、水が、姿を現しているのである。水があるところに、泉や井戸端に人びとが集まってくる。ジャン＝ジャック・ルソーがイメージされるシーンだ。燃えている火のそばに、まわりに、人びとが集まる。人びとは、火をかこむ。火のあるところは、明るい。火は、まさに光でもあるといえるだろう。火のまわりは、あたたかい。火といえば熱であり、明暗である。人びとの生活は、水と火によって導かれてきたのである。光や明暗によって意味づけられてきたのだ。さまざまな光によって、窓によって、トポス（場所、居場所、位置、ところ、家、住居、部屋、坐席、さまざまな集落……）によって、道によって、人びとの生活や人間の生活と生存は、方向づけられてきたのである。意味づけられてきたのだ。さまざまな音にも注目しないわけにはいかない。色にも、形にも注目したいと思う。

トポスも、道も、光や明暗とともに、人びとの生活や生存とともに、色や形や音や匂いとともに、五感において、身体において、身体をとおして、人びととともに、イメージされたり、理解されたりするのである。

方向づけと意味づけ

人間の生活と生存は、世界によって意味づけられているが、人間にとっては、なんといっても人間だ、そして世界だ、といわざるを得ないだろう。人間とは、まさに人間と人間、人間関係、メンバーシップ、リレーションシップだが、人間は、トポスにおいて、道において、世界において、理解されるのである。人びとの生活と生存のさまざまな舞台と領域に、世界に、世界の片隅に、さまざまな光が姿を見せている。人間は、たえまなしに光を求めつづけてきた。火を求めつづけてきた。窓を求めつづけてきた。トポスを、道を求めつづけてきた、といえるだろう。なによりも人間は、人間を求めつづけてきたのである。人間は、人間を追い求めつづけてきたのだ。

方向づけること、意味づけること、方向と意味——このようなシーンにフランス語、サンス（西田幾多郎は、サン、という）sens が、姿を現す。ふたつの意味群があるのだが、第一の意味群には、感覚という意味、意味という意味が見出される。第二の意味群では方向だ。感覚が働かなくなってしまったならば、すべては闇のなか、無意味の状態となってしまう。感覚と意味、方向は、ひとつに結ばれているのである。

光によって人びとにもたらされる安堵感、安らぎ、慰め、喜びがある。光が乏しくなると心細くなる。不安感が生じる。人びとは、さまざまな光や明暗によって、さまざまな気分を体験しつづけてきたのである。さまざまに気分づけられてきたのだ。雰囲気という言葉があるが、いうにいわれぬ雰囲気、雰囲気的なもの——人間が、人びとが、そこで生きている世界においては、雰囲気は、日常的に体験されつづけてきたのである。雰囲気とは、まさに人間的世界そのものともいえるだろう。

光の状態、明暗の様相などによって雰囲気が変わる。窓と壁、部屋の広さ、家具調度品、天井、床などによって風景が変わる。雰囲気が変わる。昼と夜、時間帯などによって、光の状態、明暗によって、トポスの様相や風景が変化する。風景とは、大地の眺め、光景（スペクタクル）だが、音の風景、サウンドスケープがあるのである。人びとの生活と生存の舞台と場面では、確かに光によるところの影響が大きいが、音にも注目しないわけにはいかないのである。音が命綱となっていることがある。人間の声は、音のなかの音であり、音の決め手、音の原風景、音を理解するための鍵といえるのではないかと思う。歌声があり、声楽がある。話し声があり、呼び声がある。叫び声がある。言葉がある。沈黙がある。人間は壁にすぎないわけではない。人間は表情であり、表現そのもの、人間は、言葉と沈黙において、表現と表現力において、合図において、触れ合いにおいて、コミュニケーションにおいて、応答において、声において、無言において、まなざしにおいて、目において、手において、手と手において、まなざしとまなざしにおいて、相互的なサポートとケアにおいて、励ましにおいて、勇気づけにおいて、まさに人間なのであり、そのような状態において、人間的に生きることができるのである。そのような状態で、人びとは、人間的に生きてきたのである。トポスにおいて、道において、世界の片隅、片隅において、人びとのなかで、道具や作品のかたわらで、風景のなかで、さまざまな光や明暗を体験しながら、人間は、相互的に支え合う状態で、人生の日々を生きてきたのである。

光がないとき、人びとは、身動きできない。自然の光、太陽の光、月の光、星の輝き、人間的な光、文化の光、文明の光、なんとさまざまな光があることだろう。自然の光と人工の光がミックスされた状態の光がある。蠟燭の光、ランプの光、暖炉の光、イロリの光……人間がつきまとって離れないような光があるかと思うと、科学の力といえるような人工照明がある。昼と夜、さまざまな時間帯において体験されるいろいろな明暗と光がある。夜明けと黄昏時《たそがれどき》は、特別な時間帯だ。雪あかりという言葉がある。蛍の光がある。暗闇や漆黒の闇に注目しなかったら光や明暗を理解することは、できないだろう。ベッドサイドの照明があり、庭の片隅やトポスのさまざまな片隅で体験される光がある。鉄骨ガラス張りの建築的空間やトポスや道において体験される光がある。人びとがそこで生きている日常的世界、日々の生活と生存の舞台に姿を見せるトポスや道は、さまざまな光や明暗によって意味づけられているのである。ライトアップされた風景やイルミネーションの光景がある。適度の光、最適の光について、さまざまな方法で心くばりがおこなわれてきたのである。画家や彫刻家のアトリエの光がある。書斎の光がある。ミュージアムの光がある。映画館で体験される光がある。スクリーンの光がある。さまざまな絵画――それらは、まさに光そのもの、明暗そのもの、また、光といえば写真だ。コンサートホールや劇場やオペラ座などで体験される光がある。街路や交差点や広場で体験される光がある。家庭の食卓やレストランのテーブルを照らし出す光がある。石の森（ロダン）、大聖堂で体験される光、教会で目に触れる光、明暗、闇がある。洞窟で体験される明暗や光がある。

手もとや足もとを照らし出してくれる光がある。人びとの共同生活の舞台に姿を見せている光と明暗がある。トポスに見られる鏡がある。鏡は光を集める。鏡はまるで光そのものだ。光といえば窓だが、天窓と呼ばれる窓もある。絵画をなかば壁、なかば窓と呼びたいと思う。絵画は壁にすぎないわけではない。それは、世界に向かって開かれた窓であり、まさにパースペクティヴ（遠近・眺望・視野）そのもの、このような絵画が目／眼とまなざしとしてイメージされたり、理解されたりすることは、もちろんのことだが、音の絵画、音の風景と呼ぶことができるスペクタクルが体験されることがあることは、注目される。絵画は、決してまなざしと目／眼や手に終始する人間の営み、人間のドラマではない。絵画は光とともに――自明のことだが、人間の耳や音の風景がクローズアップされるような絵画がある。

大地や壁、洞窟は、絵画の母胎、絵画のトポス、絵画の原風景だが、壁画は、絵画の独特の光が体験される彩られた、明るい壁なのである。光の窓というときには、ステンドグラスが、クローズ・

アップされてくる。窓が鏡となり、イマージュ（鏡像）が体験されることがある。絵画とは、壁と窓とのあいだであり、しかも窓と鏡のあいだなのだ。イマージュというフランス語には、鏡像、人物像、画像、映像などという意味がある。イマージュと絵画は、ひとつに結ばれているのである。鏡は、レオナルド・ダ・ヴィンチ以来、絵画の領域で注目されてきたが、さまざまな自画像は、鏡とイマージュの凝縮された作品なのである。自分自身を見つめて、自分／自己を描くことに力を注いだ画家として、レオナルド、レンブラント、ゴッホなどの名を挙げることができる。人間の顔こそ、風景の極限的なモチーフといえるだろう。目／眼の光がある。顔とは、表情なのであり、人格の中枢的なトポスなのである。澄んだ目の限りない魅力がある。目を深渕と呼びたいと思う。世界への投錨、意味的な核（メルロ＝ポンティ）である身体によって、私たちの誰もが、世界に住みついており、世界に巻きこまれた状態で世界に属しているのである。

音楽も絵画も、芸術も

音楽も、絵画も、人間の生活と生存の舞台と領域において、決して添えものではない。自然と社会と文化と歴史が、人間の生成と存在の、生活と生存の次元であるように、音楽も、絵画も、アート、芸術のさまざまなジャンルは、そこで人びとが生きている世界の一部となっているのであり、人間の生活と生存の次元となっているのである。人間のよりどころ、支えとなっているものは、ことごとく人間の条件だが、さまざまなアートは、人間の条件となっているのである。人間は、自己自身がそれであらぬところのもの、さまざまな対象、客体、物体、道具、作品、風景、他者、特定の人物、人間とひとつに結ばれた状態で人間なのであり、そのような状態で人間的に、人間として、生きているのである。主体的人間は、主体／客体的人間なのだ。ジンメルは、人間を客観的動物と呼んでいる。さらにジンメル――人間は、限界なき限界的存在であり、慰めを求める存在、探し求める存在なのだ。彼は、人間を生として理解している。生には初めから死が組みこまれてしまっているのである。ジンメルは、生において人間を理解した、表現した画家として、レンブラントの画業に注目している。

「汝自身を知れ」あるいは「汝自身を見よ」

デルポイの神殿の銘――「汝自身を知れ」この言葉は、人間の命には限りがあるのだ、ということを意味しているという見解がある。プラトンとアルキビアデスの対話のシーンでは、「汝自身を見よ」である。人間の瞳、人見が鏡になって、その鏡に自分の姿が映って見える、というシーン。目は、なかば鏡であり、光なのだ。ゲーテにおいては、目と太陽である。目が太陽のようでなかったら、目でものを見ることはできない、というゲーテの見方だが、目と太陽というモチーフは、プロティノスにスタートするアイデアである。

光というときには、目／眼がクローズ・アップされるが、人間は、全身で、五感を働かせながら、行動しており、生きているのである。人生の旅びと、人間は、世界において、生活者、生存者だが、行為者として、行動と行為のさなかで、プラクシス（行為・実践）とポイエシス（制作・創造）の主体として、だが、主体的客体的に、世界を体験しながら、意味のなかで、身心を支えつづけているのである。

音と響き、目／眼。万華鏡的な

さまざまな音は、世界の音であり、世界の響きである。音楽も、騒音も、音の様相であり、音につつみこまれた状態にある。人びとがそこで生きている世界は、音においても、色においても、万華鏡的といえるだろう。万華鏡は、光のなかで姿かたちが微妙に変わる色彩的な風景、まるで花畑や花と呼びたくなるような光景であり、光を浴びた眺めだが、光が失われてしまうと、どうにもならない。目／眼も、絵画も、光が頼りだ。カオス、それは、覗きこんで見ても、いったい何がどうなっているのか見当がつかない、暗々とした、黒い穴のような状態を意味する言葉だ。カオスにたいしてコスモスは、バランスがとれた、秩序づけられた、明るい美しい状態を意味する言葉である。目／眼は、混沌とした状態、カオス、暗闇を好まないといえるだろう。だが、光といってもまことにさまざまであり、あまりにも強烈な光のなかでは、誰もがおそらく生きた心地がしないだろう。落ち着きが得られる明るさ、心の安らぎと休息が体験される明るさと光が、人間には必要とされるのである。蠟燭の光やランプの光の魅力、暖炉やマントルピースやたき火などにおいて体験される光がある。光度がある。月の光のやさしさがある。さまざまな太陽光がある。光のコントロールに人びとは心をくだいてきたのである。光は、みごとな演出家なのだ。

暗がり、暗闇、漆黒の夜などにおいては、目／眼は、不自由な状態になり、足もとが危なくなって、歩行困難となってしまう。行動が封じられる。身動きできない、目はいうことをきかない、頼りになるのは、耳だ。音だ。特に人間の声だ。目を閉じて、耳を澄ますことがある。注意力、集中力が必要とされるとき、人間は、いったいどのようなことを心がけるのだろうか。暗闇の恩恵は、ないのだろうか。かすかな光が、恩恵として感じられることがある。光を見出して命拾いをしたような気持ちになることがある。

森と野原のコントラストに注目したいと思う。野原で体験されるのは、広さと明るさと光である。森では、密集、暗がり、暗闇、閉塞感などが体験される。森とは光が奪われているように感じられるトポスなのだ。オルテガ・イ・ガセーは、森を目に見えぬ自然、可能な行為の総和と呼ぶ。

世界、場所、身体

「われ思う、ゆえにわれあり」。――cogito,ergo sum.　森のデカルトにおいては、姿を見せるのは、特定の方向に方向づけられた直線的な道である。『方法序説』では、デカルトは、世界、場所、身体という言葉をいったんは用いたものの、これらの言葉は、ほとんどカッコに入れられてしまい、精神という言葉が浮上し、彼は、精神に信頼を託したのである。だが、ほんとうに注目されねばならないのは、世界であり、場所であり、身体ではないかと思う。世界、場所、身体こそ、キー・ワードのキー・ワードなのだ。

オルテガは、デカルト以降、西洋人は、世界なしの状態にとり残されてしまった、という。ユクスキュルの環境世界論とフッサールの生活世界論を視野に入れたオルテガのつぎのような言葉がある。――「私は私と私の環境である」。環境というとき、オルテガは、風景をイメージしている。生を根本実在として理解した彼は、人間を存在選択と呼ぶ。人間は進路の選択にたえず直面しているのだ。

「感じ考える存在」として

ところで平坦な大地ではなくて、起伏がある地形、山地、野生の自然、森、湖、島、けわしい山道、そびえる樹木、植物などに心を傾けた人物がいる。大地を人類の島と呼び、植物を大地の飾りといったジャン＝ジャック・ルソー（Jean-Jacques Rousseau,1712-1778）だ。ここでは、しばらくルソーとの対話を試みたいと思う。ルソーの死後三年たって出版された『言語起源論』のルソーである（デュ・ペールー編『音楽論集』一七八一年、ジュネーヴ。ここでのテキスト――『ルソー全集』第11巻、白水社、所収、『言語起源論』竹内成明訳）。『言語起源論』の第一章　私たちの思いを伝えるさまざまな手段について――初めの方につぎのようなルソーの言葉が見られる（『ルソー全集』三一九ページ、三二二ページ）。

> 言葉は、動物のなかで人間を特徴づける。人間が話す言葉は、諸国民を互いに特徴づける。（中略）ある人間が他の人間に、自分が感じ考える存在で、その人と似た存在であると認められるとすぐに、自分の感情や思いをその人に伝えてみたいという願望や欲求が起こり、自分でその手段を求めることになった。この手段は、感覚からしかひきだすことができない。感覚は一人の人間が他の人間に働きかけることのできる唯一の道具である。（中略）私たちが他人の感覚に働きかける普通の手段は、二つに限られる。すなわち動作と声とである。
>
> （中略）
>
> 話を聞かず所作事だけを見ていれば、心穏やかでいられるが、身ぶりを見ずに話を聞いているだけで、涙が流れてくる。（中略）結論しよう。眼に見えるしるしは、内容をより正確に写しだすが、関心をより強くかきたてる

のは音声である。

ルソーは、ここでは「感じ考える存在」という言葉を用いている。感情や思いの伝達において、感覚が注目されている。動作と声が、他人の感覚に働きかける手段なのである。音声がクローズ・アップされてくるところが、ルソーらしい。『言語起源論』の第二章　言葉をはじめに生みだしたのは、欲求ではなく情熱であること――ルソーは、「人ははじめから考えたのではなく、まず最初は感じたのだ」という（同書、三二五ページ）。ルソーの見解（同ページ）。――「それならば言語の起源は、どこに発しているのか。精神的な欲求、つまり情念からである。生きていく必要にせまられて互いに遠のいていく人々を、あらゆる情念が近づける。飢えや渇きではなく、愛や憎しみが、憐れみや怒りが、人々にはじめて声を出させたのである」。ここでは、情念と声のルソーだ。

「人々を研究しようと思えば、自分の近くを見なければならないが、人間を研究するためには、視野を遠くにまでのばすことを学ばねばならない。特性を見出すためには、まず差異を観察しなければならないのである」。（同書、三四二ページ、『言語起源論』第八章　諸言語の起源に見られる一般的ならびに地域的な相違）ルソーには、自然状態や社会状態において、人間を理解しようとするアプローチが見られたし、社会において人間を、人間をとおして社会を見ようとするパースペクティヴが見られたのである。モラリストのさまざまな言説、エセーよりも、デルポイの神殿の銘「汝自身を知れ」という言葉の方が、はるかに意義深いとルソーは思っていたが、ルソーには人類や人間へのアクティヴなアプローチが見られるのである。

社会の始まりとしての家族

「社会をもつ人間は拡がろうとするけれども、孤立している人間は狭いところにいようとする」。（同書、三四五ページ、言語起源論、第九章　南の言語の形成）この「南の言語の形成」のなかで、ルソーのつぎのような言葉が、目に触れる（同書、三五二ページ、三五五ページ）。

焔を見ると、動物は逃げ去るが、人間はひきつけられる。共同のたき火のまわりに人々は集まり、そこで宴をはり、踊る。慣れ親しむという心やさしい結びつきは、いつのまにか人間を同類たちに近づける。そしてその粗末な野のかまどに神聖な火が燃えて、人々の心のなかに人間らしさの最初の感情をめばえさせるのである。

川が流れていなくて、土地にあまり傾斜のない大平原では、井戸のほかに生活の手段がない。（中略）けれども乾燥したところでは、井戸からしか水を手に入れることができなかったので、井戸を掘るために力を合わせるか、あるいは少なくとも井戸の使い方で互いに折れ合う必要があった。これが、暖かい地方における社会と言語の起源であったにちがいない。

そこではじめて家族のきずなが形成され、そこではじめて男と女が出会った。（中略）心ははじめて見るものにふるえ、いままで知らなかった魅力にひかれて粗野でなくなり、一人ではない心地よさを感じるようになる。

ルソーのやさしさが感じとられるシーンだ。彼は、家族を社会の始まりと見ている。水と火のルソーと呼びたくなるようなこのシーンで人間と人間との出会いと触れ合いと交わりに見られるような人間の風景が、クローズ・アップされてくる。

『言語起源論』の第一二章　音楽の起源、ルソーの面目躍如といいたくなるトポスだ（同書、一三六一ページ）。

泉のソネット――詩と歌と言葉に

だから詩と歌と言葉は共通の起源をもつわけだ。さきほど述べたような、泉のまわりで取りかわされた最初の言葉は、最初の歌でもあった。周期的に繰り返されるリズムの反復、抑揚の調べ豊かな変化が、言語といっしょに詩と音楽を生みだした。というよりむしろ、そのすべてが一つになって、この幸福な風土と幸福な時代のための言語をつくりだしていた。そこでは、他人の協力を必要とするさしせまった欲求は、ただ一つ、心が生みだす欲求だけだったのである。

最初の物語、最初の演説、最初の法律は韻文であった。詩は散文よりさきに見出されたのだ。当然そのはずである。情熱が理性よりさきに語りはじめたのだから。音楽についても同じこと、はじめは旋律のほかに音楽はなく、さまざまに響く話し言葉のほかに旋律はなく、抑揚が歌をつくり、長短が拍子をつくっていた。分節と声で話すのと同じように、人々は響きとリズムによって話していたのである。

言語の起源について考察しているところ（トポス）で音楽の起源へのアプローチが見られるシーンだが、いかにもルソーらしい。ルソーは音楽家でもあったのであり、「村の占い師」と題された作品がある。ルソーを生きた眼と呼ぶことがあるが、彼は、みごとなまでに感性の人なのである。

絵画の領分と音楽の領分

絵画と音楽とが対照的に考察されているシーンだが、ルソーが見るところ、色彩に命と魂を与えたのは、デッサンであり、写生なのだ。絵画においてデッサンが果たしている役割を、音楽では旋律が果たすのであり、旋律は絵の線であり、形であって、和音や響音は、色彩であるにすぎない（同書、三六三—三六四ページ、第一三章　旋律について、参照）。ルソーは、あくまでも旋律について、その意義を強調している。

心に触れて、心を動かすような音楽、ルソーがイメージしていた音楽である。——「和音だけでは、ただそれだけに依存しているような表現の場合でさえ、不十分である。雷、小川のせせらぎ、風、嵐などは、たんなる和音だけではうまく表現できない。どんなにしてみても、騒音だけでは精神に何も訴えない。理解してもらうためには事物が語らねばならないし、すべて写生においては、ある種の語りかけで自然の声をつねに補っておかなければならないのである。自然の騒音を、騒音であらわそうとする音楽家は間違っている。（中略）騒音は歌であらわさねばならないし、蛙を鳴かせようとするのなら蛙に歌わせねばならないということを、その音楽家に教えてやりたい。ただ写すだけでは十分ではない。心に触れ、心を動かさねばならないのだ。それがなければ、彼の無愛想な写生は無意味であり、だれの興味もひかず、どんな印象も与えることがないであろう」。ルソーは、表現について述べているのである。作曲のポイントというものがあるのだ。ここで目に触れたルソーの言葉は、『言語起源論』の第一四章　和声について、に見られるものだ（同書、三六八ページ）。第一六章のタイトルは、色彩と音との偽の類似、となっているが、ここでルソーは、つぎのようにいう（同書、三七一ページ）。

豊な色どりは、すべてが一時に地表に繰り広げられる。最初の一目で、すべてが見える。だがつづけてもっとよく見れば、さらに強く魅せられてくる。あとはもうただ感嘆し、それに見入るばかりである。

音の場合はそうはいかない。自然はけっして音を分解しないし、倍音を分離しない。反対に自然は斉音のなかに倍音を隠している。あるいはときに、転調のある歌とか、また鳥のさえずりのなかでは、自然は倍音を分離するが、これは同時にではなく一つずつ続けてである。自然は歌に着想を与えるが、和音には与えない。旋律を暗に示すけれども、和声は示さない。色彩は生命のない存在の装いであり、どんな物質にも色彩がある。だが音は動きのあることを知らせ、声は感じやすい存在がいることを知らせる。歌うのは、生命をもつ身体だけである。

（中略）

そのように、どの感覚にもそれ独自の領分がある。音楽の領分は時間であり、絵画の領分は空間である。

音風景を表現するということ

ルソーは、植物を大地の飾りと呼んでいるが、さまざまな彩りの草花が目に触れるようなシーンが、ここには見られる。ルソーは、庭園を飾る草花ではなくて、野の花に関心があった人だ。植物は、ルソーにとって大切なモチーフとなっていたのである。ルソーにおいて注目されることは、音がストレートにクローズ・アップされてきていることだ。ルソーにおいては、サウンドスケープがイメージされるといってもよいだろう。

ここでは、さらに同じ第一六章に見られるルソーのつぎのような言葉に注目したいと思う（『ルソー全集』第11巻、三七二—三七四ページ、言語起源論、第一六章)。

色彩は持続するが、音は消える。(中略)

色彩は、色のついた物体のなかではなく、光のなかにある。一つの対象を見るためには、光に照らされていなければならない。(中略)

以上のことから、絵画のほうが自然に近く、音楽はより人間の技術に依存していることがわかる。また、音楽は人間を人間に近づけ、仲間がいるという何らかの思いをつねにいだかせるので、それだけに音楽のほうが強く人々の関心をひくということができる。絵画はしばしば死んでいるように生気がなく見える。見る人を砂漠の奥まで連れていくかのようである。けれども声のしるしが耳に達すると、それは自分に似た存在がいることを告げてくれる。そのしるしは、いわば魂を表わす器官なのだ。聞く者に孤独を描きだすことがあっても、その声があなたはひとりではないという。小鳥は鳴くが、人間だけが歌をうたう。歌を聞き、あるいは交響曲を聞くと、だれでもすぐに、ああここには感じることのできる者がもう一人いると思わずにはいられないのである。

ふつうなら聞くことのできないものを描きだすことができるということも、音楽家の特権の一つである。画家のほうは、見ることのできないものを表現することは不可能である。ただ動きによってのみ働きかける芸術のいちばん不思議なところは、休息のイメージをさえもつくりだせることにある。眠り、夜の静けさ、孤独、そして沈黙でさえも、音楽の表現のなかに入ってくる。(中略)音楽家は、海を波立たせ、火災の炎を燃えあがらせ、小川の水を流れさせ、雨を降らせ、激流を溢れかえさせるだけではない。荒れはてた砂漠の恐ろしさを描きだし、地下の牢獄の壁の陰惨な感じを深め、嵐をしずめ、大気を静かな澄みきったものにし、そしてオーケストラで、小さな森にすがすがしい風を送り、よみがえらせるであろう。むろん音楽家はそういったことを直接表現するのではない。そのような状景を見れば感ずるにちがいない情感を、魂のなかによびさますのである。

ルソーは、理性ではなくて、感覚、感性をふまえて音と音楽へのアプローチを試みているのである。感じることにルソーのアイデンティティが、見出されるといえるだろう。絵画にはルソーの思いこみが、いくらか見られるようにも思われるし、ここで見たようなルソーにたいしては、批判的な見解が示される点があるかとも思われるが、ルソーの理解にあたっては、『言語起源論』のさまざまなトポス（箇所、書物のページの特定のそこ）は、十分に注目に値するのではないかと思う。人間と人間との出会いと触れ合い、つながり、人間関係が、クローズ・アップされてくるシーンがあったが、ルソーにおいては、場面、場面において、人間と社会が、人間と人間が、風景が、自然が、さまざまな状態で姿を見せているのである。音楽のルソーは、音のルソーでもあるといえるだろう。人間の声には注目しないわけにはいかないのである。

音の絵画

実際には見ることができないものでも絵画には描かれる。人びとが見ようとしたもの、イメージされたものによって画面が飾られることがある。目に触れたものだけが表現されてきたわけではない。光のなかで絵画はよみがえる。絵画と光についてはルソーの言葉が見られたが、明らかに絵画は光そのものなのだ。絵画において表現された独特の光は、絵画の理解にあたって鍵となる。人間の声やざわめきなどが耳に触れるような音の絵画と呼ぶことができる作品がある。音楽が流れている絵もある。傾聴したくなるような絵がある。絵は目の楽しみと慰めにすぎないわけではない。耳に触れてくるような絵がある。目が万能とはいいきれない。耳は眠りにつかない。耳の力には注目しないわけにはいかない。目は、前方に方向づけられている。耳は、四方八方につなぎとめられており、聴覚の野の地平には驚きを禁じ得ない。暗闇では、人間の声が道しるべとなり、杖になる。人間の手にあたるものになる。人間の声やさまざまな音が、支えやよりどころ、救いになることがある。身体は、人間にとって座標原点であり、絶体的なトポス、世界軸にあたるものだが、このような人間の身体は、驚くべきほどの多様な仕方と方法で世界につなぎとめられており、しかも世界に位置づけられているのである。

「農民の家族」の居場所

ルソーにおいては、家族や家庭が姿を見せていたが、つぎにアドリアン・ファン・オスターデの作品、「農民の家族」(一六四七年　紙 Radierung　17.6×15.7cm)を見たいと思う。トポス(場所、居場所、ところ、位置、家、部屋、座席……)の絵と呼びたくなるような絵であり、世界の、家の片隅が描かれているが、農民の家族と家庭生活、日常生活、人間と人間、人間関係、さまざまな家具、道具などが、クローズ・アップされてくる。耳を傾けると、人間の声や物音、犬の鳴き声などが、耳に触れる。静寂なたたずまいが感じられるが、音が体験されないトポスではない。窓からたっぷりと光が入ってきているとはいいがたい状態だが、それでも光が目に触れる。いったいどのような状態の光なのか。天井部分に屋根裏部屋か物置のトポスでもあるのだろうか。階段があり、梯子《はしご》が見える。この絵にはほぼ正面にあたる壁際に、片隅の片隅と呼ぶことができるような小さな箱型のトポスが姿を見せている。窓があるようだ。眠りのためのトポスなのか。

この家のなかには、いくつも部屋（トポス）があるのだろうか。椅子やゆりかごが描かれている。いずれもトポスだ。ほとんど一部屋の家なのか。フロアー部分は、道そのもの、階段や梯子は、道である。トポスに見られるさまざまな道がある。トポス（家、集落）からトポスへとさまざまな道がある。さまざまな道やトポスで、いったいどのような音や音風景が体験されるのか。ロラン・バルトに家庭交響曲という言葉がある。それぞれの家庭で、家族生活のトポスで体験される音には交響曲と呼びたくなるような風景が感じられたのである。このオスターデの絵においてイメージされる家庭交響曲がある。母親の腕に抱かれた幼子は、泣き声を発しているのか、あるいは何か言葉を発しているのか。描かれた人物は四人、当然、ここに姿を見せている人物の人間関係と間柄が、気にかかる。それぞれの人物は、いったい誰なのか。

人間的空間が、社会的世界が表現されているが、人びとそれぞれの動き、動作、所作、プラクシス（行為・実践）、ポイエシス（制作・創造）などが、さまざまな状態で描かれているのである。日常生活の一シーンがモチーフとなっている絵だ。家庭画と呼ぶことができる作品だ。一七世紀のオランダの絵画は、このような家庭画において、風景画において、レンブラントの絵画において、おおいに注目される。絵画史を飾っている特別の時代なのである。目をこらしてオスターデのこの絵を見ることにしよう。片隅、片隅に描かれた物体、対象、品々、道具、家具……農民の暮らしに目を見張らざるを得ない。それぞれの道具はところを得て、それぞれがあるべきところに姿を見せており、そのような道具は、部屋におさめられている、とハイデッガーはいう。道具手もと性、道具存在性

Zuhandenheit という彼の言葉がある。ハイデッガーには〈ひと〉das Man という言葉があるが、この絵に描かれたそれぞれの人物は、誰でもあるとともに、誰でもないような〈ひと〉ではなくて、まぎれもなく唯一の、特定の人格としての人間、個人なのである。個人ではあるものの、自我 self として、メンバーシップ、リレーションシップのなかに姿を現わしている社会的人間なのだ。なによりも人間は、身体として、人格として注目されるが、自我においても、人びとそれぞれのアイデンティティにおいても、個人であるとともに社会であるような人間が理解されるのである。世界–内–存在、共同相互存在、死への存在、いずれもハイデッガーに見られる人間にかかわる言葉である。人びとのなかで、人間相互の関係のなかで、人間が理解されるのだ。他者とは、なかばこの自己自身なのである。

人生の旅びとは、生活の舞台と場面で、生死にかかわる生存、自覚的な生、世界に巻きこまれた状態にあたる自己、人間としての生存からしりぞくわけにはいかない社会的存在（生成／存在）なのである。社会的世界は、全面的に道具世界であり、いうまでもなくサインとシンボルの世界、人びとのイマジネーションがかきたてられるような世界、さまざまな作品が姿を見せる世界なのである。

ルソーは、絵画に見られる生気の欠如を指摘しているが、絵画には生気が見られないと簡単にはいえない。描かれた人物の生き生きとした表情、人物の息づかい、言葉と沈黙、などに注目しないわけにはいかないような絵がある。光によって、音によって生気がもたらされるような絵画がある。まちがいなく光は絵画にとって生命だが、音に注目しなければならない。音は、まさに生命力といえるだろう。画家は、光や色や形ばかりでなく、音をも表現しようとしてきたのである。

ゲーテの『タッソー』のシーンだが、人々のなかでこの私は誰なのかということを知るのであり、生活によって自己の理解が深められる、というゲーテに注目したクーリーは、社会を生活の位相 a phase of life として理解したのである。ライフ life の研究者をめざした人物がいる。西田幾多郎である。人間とは、生命であり、生命力である。行動力であり、活動力である。想像力である。プラクシスであり、ポイエシスなのだ。

西田幾多郎は、つぎのような自己とつぎのような世界に注目している。——意識的自己、行為的自己、身体的自己、ポイエシス的自己、人格的自己、私と汝／そして世界、歴史的社会的世界、人格的世界、表現的世界、創造的世界。西田は、人間にとっての真の環境を世界と呼んでいる。西田においては、「われ思う、ゆえにわれあり」（デカルト）は、「われ行為する、ゆえにわれあり」となる。

オスターデの絵は、暗闇の絵ではない。明暗の絵であり、光の絵である。人びとは、動いている。静止の絵ではない。奥ゆきと立体感、トポスの空間性が、時間までもが、体験される絵である。オスターデの音風景が、目に触れる。耳に触れる。人間の気配と静かなざわめき、生活の音、人間の声などが、体験される。この絵は、みごとなまでに生きているのである。あらゆる意味でライフの絵だ。

絵画と音楽においても

絵画と音楽、それぞれにおいて、空間と時間が分断されているわけではない。絵画においても、音楽においても、時間と空間のいずれもが、クローズ・アップされてくる、体験されるといえるのではないだろうか。光とは、見方によれば、時間なのである。時間・空間——それが世界、このような世界に、人間が姿を現しているのである。このような世界に、トポスや道が、道具や作品が、風景が、さまざまな状態で姿を見せている。このような時間的空間的世界、社会的文化的世界、風景的世界、風土的世界で、さまざまなトポスや道で、世界の片隅で、さまざまな音や音風景が、体験されるのである。人間は、記憶や思い出、追憶や郷愁の世界で、意味の世界で、人間的時間のなかで、意味のなかで、生存しているのである。人びとそれぞれの生活史を飾っている道しるべとなっているような光と音、人びとそれぞれの音の原風景などがあるにちがいない。光も、音も、人間の生成と存在の次元なのである。

エッカーマンの『ゲーテとの対話』の一シーンを見たいと思う。ゲーテの声に耳を傾けたい。オスターデの絵が、このシーンに姿を見せているが、さきほどの「農民の家族」とは別な絵だ。だが、モチーフには共通性がある。ゲーテは、オスターデの魅力について語っている。感性に訴えてくる魅力——ゲーテの言葉だ。

『よい夫とよい妻』の情景について

一八二九年二月四日　水曜日　この日、エッカーマンの耳に触れたゲーテの言葉から、いくつかのシーンをつぎに紹介したいと思う。ゲーテの立場が明らかにされているシーン、活動に寄せるゲーテの深い思い、そしてオスターデの絵について——ゲーテと対面しているような気持になる（エッカーマン『ゲーテとの対話』（中）、山下肇訳、ワイド版　岩波文庫、五二—五五ページ）。

私自身はいつも哲学から自由な立場に立っていた。健全な常識の立場というのが、私の立場でもあったわけだ。私にとっては、われわれの霊魂不滅の信念は、活動という概念から生れてくるのだ。なぜなら、私が人生の終焉まで休むことなく活動して、私の精神が現在の生存の形式ではもはやもちこたえられないときには、自然はかならず私に別の生存の形式を与えてくれる筈だからね。

この言葉を聞いて、私の胸は、驚嘆と敬愛の情に思わず高鳴った。（中略）

ゲーテはデッサンと銅版画のはいった紙挟みを手元へ持ってこさせた。彼はその中の二、三枚を静かに見つめたり、ぱらぱらと繰ったりしてから、私にオスターデの絵の美しい銅版画を渡してくれた。「ほら、」と彼はいった、「例の『よい夫とよい妻』にふさわしい情景があるよ。」私は大喜びでその絵に見入った。それには台所と居間と寝室、みな兼用の一部屋だけしかないある農家の内部が描かれていた。夫と妻は、寄りそうように差向いにすわっていた。妻は糸を紡ぎ、夫は糸を巻き、二人の足元には赤ん坊がいる。背景に、ベットが一つ置かれていて、あるものといえばどれもこれも粗末で、最低限必要な家具ばかりであった。ドアは、すぐ戸外《そと》に通じていた。狭いながらも幸福な夫婦の姿を、この絵は見事に表現しつくしていた。たがいに目と目をかわしている夫婦の顔には、満足感と楽しさと何となく夫婦愛をしみじみと味わっている風情がただよっていた。「幸福な気持になりますね」と私はいった、「見れば見るほどこの絵はまったく独特な魅力があります。」――「それは、感性に訴えてくる魅力だ」とゲーテはいった、「いかなる芸術も、この感性的魅力を欠くわけにはいかないが、この種の題材では、それが充溢している。（以下略）」

ここに見られる『よい夫とよい妻』は、古代スコットランドの詩であり、ゲーテは、これを自由訳して、一八二八年『芸術と古代』第四巻第2号に発表した『古スコットランド風に』にこのタイトルをつけたのである（同書、三二一ページ、註参照）。「妻は糸を紡ぎ、夫は糸を巻き」とある。生活の姿である。労働のシーンだ。人びとが紡ぎ出す微細な糸によって、社会と呼ばれる織物がかたちづくられている、といったジンメル、彼がいう感覚の社会学に注目したいと思う。

音の中の匂いと香り

ところで音には匂いや香りが含まれているようにも感じられる。人びとは、誰であろうと、ほとんどいつもなんらかの状態で気分づけられているのではないかと思う。匂いと香りにこそ人間が気分づけられるところの源泉が見出されるといえるだろうが、音や色によって私たちが、さまざまな気分を体験することは、誰もが認めるところだろう。また、さまざまな光や明暗、暗闇によって人間の気分が微妙に変わることは、日常的に人びとが体験していることではないだろうか。音と色と光の状態が、相互に深く結びついていることは、誰もが理解できることではないかと思う。光が失われていくと、目はいうことをきかなくなり、色も色彩も、形も、コンポジションもやがては闇のなかに消えてしまう。暗闇のなかでも手で触わることによって、それが何であるかということが、なんとなく分かる物体や対象があるが、絵画は、手で触って見ようとしても、どうにもならない。音は、暗闇においても耳に触れる。暗闇のなかで耳がとぎ澄まされるといってもよいだろう。暗いところでは耳が頼りとなり、手で触わることによって救いの道が見出されるといえるだろう。

気分は、人間の世界体験の個人的な領域であり、それは、人間の生存の根源的なトポス（居場所）なのである。気分は、人間の実存の領野なのだ。居心地は、人びとにとって重要な意味を持っている。

音や音楽によって私たちは、ただちに、さまざまな気分を体験する。さまざまに気分づけられる。雰囲気が気になる存在（生成／存在）、それが人間だ。人間は、つねに微妙な状態、振動状態に置かれているのである。「景色（風景）は気分（精神状態）」といったアミエル、そのとおりだと思うが、人間は、触れることができるものに巻きこまれながら、身心を支えつづけているのである。見るとは、目で対象、客体に触れることであり、音も、音楽も、耳に触れるのである。耳に触れるだけではなく、身体にゆさぶりをかけて、身体にしみわたってくるのである。音体験、音楽体験、絵画体験は、全身に及ぶ、人間をさまざまに気分づける、まことに人間的な世界体験なのである。

音色、色調などという言葉がある。楽器や音楽の演奏が描かれた絵がある。耳を澄まして画面を見ると、絵画世界が、みごとなまでに音や響きの、音楽の世界として体験されることがある。音や音楽、人間の声などによってもたらされる活気や生気、現実感がある。

カンディンスキー「色彩のコーラス」そしてワグナーのこと

絵画において音楽をイメージして、「色彩のコーラス」という表現を用いたこともあるカンディンスキーについて述べたいと思う。彼の生活史に刻まれている忘れがたい出来事がいくつかある。初めにモスクワでの黄昏時のまことに色彩的な風景、カンディンスキーは、このような劇的な風景においてシンフォニーを体験したのである。モスクワの大学で学問研究に情熱を燃やしていた若いときのことだったが、彼を心底からゆさぶった二つの事件があった。ひとつは、モスクワでのフランス印象派展（モネの「積み藁」との出会い）、もうひとつは、帝室劇場（ボリショイ劇場）におけるワグナー、

「ローエングリン」の上演だった。モネの絵を見たとき、初めのうちは何が描かれているかよく分からなくて、カンディンスキーは、対象が欠けているのではないかと疑ったくらいだったが、やがてパレットの力に気づき、絵画の魅力に強くとらわれたのである。ワグナーについてカンディンスキーは、こう述べている（『カンディンスキー著作集4　カンディンスキーの回想』西田秀穂訳、美術出版社、二〇ページ、回想──一九〇一年─一九一三年）。

一方ローエングリンの方は、このモスクワが完全に実現しているかに思われた。ヴァイオリン、低いバスの響き、格別その管楽器は、当時、私にはあの黄昏のひとときの力を悉く体現していると思えた。私は、私の知っている限りの色彩を心のうちに見た。それらは私の眼前にありありと現われた。荒々しい、たけり狂ったような線の軌跡が私の前に交錯した。ワグナーは音楽によってあの〈わがひととき〉を色彩豊かに描いていた、という表現を用いる自信は、私にはなかった。しかしながら芸術とは概して私が想像していたよりは遙かに強大なものであること、他面、絵画も音楽が有すると同様の能力を発展させうるという事実が、私には歴然となったのである。

激しささえ感じられるようなモスクワの色彩的な黄昏時の風景、生命《いのち》の限り輝いているさまざまな色彩の光景が、ワグナーの「ローエングリン」とひとつになって、響き合い、カンディンスキーの目に、耳に触れたのである。

カンディンスキーにとってのレンブラント

カンディンスキーの学生時代の体験だったが、後々まで影響を及ぼしていた出来事が、このほかにふたつある。ひとつは、ザンクト・ペテルブルクのエルミタージュ美術館のレンブラントの絵であり、もうひとつは、カンディンスキーが民族学者兼法律学者という資格を与えられて王立協会から派遣されたヴォログダ州への旅だった。つぎにレンブラントについて、つづいてヴォログダ州への旅での体験について、カンディンスキーの言葉をたどることにしよう（同書、一二三ページ、一一七―一一八ページ、回想）。

レンブラントが私に与えた精神的衝撃は大きかった。明暗の大きな分割、中間色調の大きなパートへの融解、壮大な二重音となって距離の異る隅々にまで働きかけて、ただちにワグナーのさまざまなあのトランペットの響きを想い起させるこの明と暗のパートへの前記中間色調の溶解が、私にまったく新しいもろもろの可能性を開き、色彩それ自体がもつ超人間的な能力、そして格別編成、すなわち対立によって力が増大する事実を明らかにしてくれたのである。

私は村から村へと辿ったが、それらの村では、思いがけなく村人全部が上から下まで灰色の着物をまとい、黄緑色の顔と髪をしていた。かと思うと、思いがけなく民俗衣裳の多彩さを見せ、まるで色どり鮮やかな生きている絵のように、その民俗衣裳が二本足で歩き廻っているのだった。さまざまな彫り物で蔽われた木造の大きな家屋のことを、私は決して忘れることはないだろう。これらの奇蹟の家々のなかで、それ以降二度と繰り返すことのなかった事柄を、私は体験した。それらの家々は、絵のなかで動くということ、画中に生きることを、私に教えたのである。私はいまでも、自分が初めて居間に足を踏み入れて、思いも及ばなかった絵を前にしてその場に立ち尽してしまったときのことを、よく覚えている。テーブル、腰かけ、ロシヤの農家では大切な大きな暖炉、戸棚類、そしてどの家具類もその表面に多彩で細部にこだわらぬ装飾文様が施されていた。壁にはそれぞれ民衆画、象徴的に表現された一人の英雄の姿、戦闘の場面、絵にした民謡。「赤い」一隅（「赤」は古いロシヤ語では「美しい」と同義である）は、彩色で描いたのやら版画などの聖者像で隙間もなくすっかり蔽われており、その前には、赤々と灯のともっている一つの小さな吊りランプ。それはまるで、すべてを知り尽し、慎重に低い声で語りかける、独りだけで控え目に生きている、誇り高い一つの星のように、燃え、輝いていた。最後に部屋の中に入ったとき、私は、自分が画中の一員になってしまっていた。絵画に、四方八方取り囲まれているような気がした。

色彩のシンフォニー、音楽の絵画

「私は多年にわたって、観者を画中で「逍遙する」ようにする、観者をして画中において自己忘却の状態で解体させてしまう、そうした可能性を捜し求めてきたのである」とカンディンスキーは、書いている（同書、二九ページ、回想）。カンディンスキーの絵画世界を散策するときには、さまざまな音や音楽が体験されるのである。カンディンスキーの言葉だが、響きに溢れ、充実している「色彩のコーラス」の夢、複雑なコンポジションの夢、という表現が目に触れる（同書、二七ページ、回想、参照）。彼は、このような夢に立ち戻るそういう画家だったのである。

カンディンスキーは、「赤い」一隅について書いている。赤々と灯のともっている一つの小さな吊りランプ――慎重に低い声で語りかける、誇り高い一つの星のように思われるランプ――ランプの灯、その明るさ、輝きが室内の情景、明暗とともにイメージされる。バシュラールは、ランプの灯に注目していた人だが、彼は、宇宙の片隅である家を巣、繭、城などと呼んでいる。カンディンスキーは、このヴォログダ州への旅において民俗色がゆたかな人びとの暮らしと生活空間、居住空間、まことに絵画的なトポス、独特の光と明暗の世界などを体験したのである。

色彩のコーラス、色彩のシンフォニー——カンディンスキーの絵画世界においては、色であり、線であり、形である。コンポジションとコンポジションの感覚だ。さまざまな光と明暗だ。音楽である。ある意味では、彼の絵画は、音楽の絵画であり、シンフォニーとなった、音楽的な響きとなった絵画、光景なのである。カンディンスキーは、いつも音に耳を澄ましている。耳を傾けている。耳の恩恵と力に注目したいと思う。音や音楽には、静寂が入ってきているのである。静けさは、人びとの暮らしにおいて、日常的世界において、重要な意味を持っている。明るさとともに、暗闇が、クローズ・アップされてくる。光がきわめて乏しい状態でトポスや道を体験することは、人生の旅びとにとって大切なことではないかと思う。さまざまな世界体験によって人間の生存の領域が広がり、深まる。人生を旅するということは、人びとのなかでさまざまな光や音や色などを、人びとのかたわらで、人びとともに、世界の片隅で体験するということでもある。人生行路がどのような光によって照らされるのか、どのような光や明暗によって人生行路が方向づけられているのか（意味づけられているのか）ということは、私たちにとってきわめて重要なことではないかと思う。

ダイアローグ・イン・ザ・ダーク、漆黒の闇の中で

私たち家族三人での旅の一シーンが思い出される。伝統的建造物群保存地区として広く知られている大内宿（おおうちじゅく）を訪れたときのことだ。夕食をすませてから大内宿を私たち二人で歩い

たが、あたりは漆黒の闇だった。懐中電燈で道を照らしながら歩き、ところどころで立ちどまって道の両サイドに姿を見せていた伝統的建造物の茅ぶきの屋根などを照らして眺めたりしたが、山里で体験した闇夜の風情と独特の雰囲気、大内宿でのトポスと道の体験などの記憶が、あざやかによみがえってくる。ほんとうに暗かった。光の記憶は、ない。静寂が体験されたが、道に沿った状態の小さな流れの水音が、耳に残っている。道ゆく人の姿は、目に触れなかった。伝統的建造物群、家屋、さまざまなトポスは、暗闇のなかに沈んでいた。

時は過ぎゆく。TEMPUS FUGIT ほぼ一年ほど前のことだが、二〇〇四年の八月末、晩夏のある日、私たちは三人で渋谷に近い青山の一画、梅窓院を訪れて、この寺のビルの一会場、トポスで開催された〈ダイアローグ・イン・ザ・ダーク〉と題されたイベントを体験したのである。

会場となっていたビルのトポス、かなりの広さではないかと感じられたが、明るい状態でこの会場となっているトポス、場所を見ていなかったので実際の広さ、大きさは、分からない。集まってきた人びと、暗闇を体験しようという試みの参加者は、だいたい十人単位で一グループとなり、リーダー役をつとめてくれる案内者のあとにつづくという状態で、漆黒の闇を体験したのである。会場のコースを約一時間かけて一巡するという催しだった。

リーダー役をつとめてくれた人は、目が不自由な女性であり、声がよくとおる人だった。参加者には白杖が手わたされ、この白杖で地面と身辺のそこ、ここを確かめながら、きわめてゆっくりと進む。あたりは闇、ほんとうに暗かった。漆黒の一語につきるカオスの状態に私たちは、突き落とされたのである。目は開いてはいるものの、何も見えない。目を閉じている状態だった。ほぼ列をつくって、ゆっくり、ゆっくり、たがいに声をかけ合いながら、そろり、そろりと、恐る恐る歩く。ときどき、立ち止まる。あたりをうかがう。時々、人に触れる。ぶつかる。手を取り合って、という状態ではなかった。頼りになるのは、白杖、そして人の声、リーダーの声、参加者の声。リーダーは、どんなところ、トポスにさしかかったのか、ということについて私たちに声をかけてくれたので、いくらか不安は軽減されたものの、暗闇のなかでの歩行は、困難をきわめた。しばしば立ち往生したことを思い出す。暗黒の状態、カオスは、ことごとく不安と危険だった。感覚を研ぎ澄ます、感覚にみがきをかける、注意深く身辺を探索する、とにかく足もとに気をつける、人の声に気をつける、手で触わりながら安全を確認する、全身に注意を配る、何かにぶつからないようにする、気配に注意力を集中させる、確かめて、さらに確かめる——暗闇の状態、暗黒のカオスの状態においては、人間の行動は、封じこめられてしまい、前進、歩行は、きわめて困難だった。そこに立ち止まったままというわけにはいかなかったので、恐る恐る前へ進まないわけにはいかなかった。

この暗闇の体験において、私たちが三人で人びとに混じって静かに静かにたどったコースで体験したさまざまなトポスや道筋について述べておきたい。初めに私たちは、野原を散策した。水の流れがあった。散策という気分ではなかった。やがて高原に出たが、白樺の林をぬけていった。リーダーの声であたりの様子をうかがうことができた。リーダーの先導がなかったら、一歩でもふみ出すことは、できなかっただろう。いま、どんなところにいるのかということが、分からなかったら、生きた心地がしない。何も見えない。一点の光もない。このコースで私たちは、駅に着いて、プラットホームを歩いたが、危険が身に迫っていた。階段があった。段差が恐ろしかった。あるところでスタジアムを訪れた。大観衆のどよめきが耳に触れた。そして私たちは、公園を訪れた。そこでブランコに乗った。童心に帰った。ラストシーンだったが、私たちは、バーに入った。飲み物は、各自、自由、赤ワインを注文する。グラスを受け取り、グラスを恐る恐る口に近づける。赤ワインを静かに口に含む。目を開けているのだが、まったく何も見えない。

白杖と人の声だけが頼りだった。私たち家族三人は、ばらばらの状態で、暗闇のなかでさまざまな道とトポスを、いうにいわれぬ暗闇の雰囲気と人間の気配などを体験しながら、自分自身と向き合う状態で、カオスを生々しく体験したのである。晩夏の午後の恐ろしいまでの暗闇だった。

白杖は、目となり、手となったのである。地面の微妙な変化と安全が、手にした白杖によって体験されたのである。目を開いていても何も見えないということは、とにかく恐ろしかった。私たちは、光に導かれながら、五感を働かせて、先へ進む。目だけで行動しているわけではない。ダイアローグ・イン・ザ・ダークは、私たちにあらためて音の恩恵と耳の大切さをはっきりと教えてくれたのである。手で触れることが、私たちをいかに救ってくれるのか。手の大切さは、はかりしれないほど大きい。状況が一変したときには、手も足も出ない。

夜空に輝く星、星空、星の輝きとまたたきは、あくまでも〈まなざし〉なのだ。星空との対話によっても、人間は、自己自身に導かれるのである。星空の明るさがある。星月夜がある。南フランスでゴッホが描いた星月夜の絵がある。ゴッホは、太陽の画家であり、しかも星空や月夜などを描いた画家でもある。彼のまなざしは、宇宙的空間にも、大地にも、人間にも、人間の手にも注がれているのである。初期の絵だが、ゴッホに「じゃがいもを食べる人びと」という作品がある。ランプの光のもとで、身を寄せ合うようにして農民がじゃいもを食べている。人間的空間が表現されているトポスの絵だ。耳を澄ますと人の声が耳に触れるような気がする。絵画空間の音風景がある。日常的世界は、人間によって、また、光や音によっても、意味づけられているのである。

暗い空間の豊かさと小さな光と

バシュラール――「小さな光についての夢想は、われわれを親密さの侘住居へと連れていくであろう。われわれのなかにはゆらめく光をしか受け入れないほの暗い片隅があるように思われる」。（バシュラール『蠟燭の焔』澁澤孝輔訳、現代思潮社、一三ページ）バシュラールが見るところでは、蠟燭と砂時計のふたつとも人間的時間を語るものではあるものの、流儀はまったく異なっているのだ。彼は、焔を上に向かって流れる砂時計と呼ぶ。こうした焔は、生成としての存在、存在としての生成なのだ。バシュラールは、蠟燭を白紙のページの星と呼んでいる。蠟燭の焔の茎は、ほんとうに真直ぐでかぼそいから、焔はまるで花なのであり、もっとも大きな夢があるのは、頂きなのだ。頂きこそ、火が光となるところなのである。バシュラールは、つぎのようにいう（同書、一一三ページ。この辺では、ほかに二二ページ、五一ページ、八二ページも参照）。――「あらゆる花々のなかでも、薔薇は、植物的焔に関する想像力にとってまさしくイマージュの巣である」。

花は絵画の原風景だが、いろいろな花に私たちは、さまざまな光や風をイメージしないわけにはいかないだろう。サン＝テグジュペリ――星の王子さまの前に姿を現す薔薇がある。

明暗、暗闇、明るい空間と暗い空間——視界、五感の活性化、人間はなんと微妙な世界に身心を委ねているのだろう。光が乏しくなる。光が失われていく。音によって救い出されなければならないことがある。聴覚の野は、ただならない世界なのである。ミンコフスキーの言葉をここに紹介したいと思う(ミンコフスキー『精神のコスモロジーへ』中村雄二郎・松本小四郎訳、人文書院、一七一ページ)。

——「明るい空間は、その普遍性とその実用的な側面とにおいて、暗い空間を支配下におこうとしている。だが、それでもなお、明るい空間がわれわれに立体的な世界として現われるのは、ただ暗い空間との対比をとおしてである。だから、われわれは、どんなことがあっても、明るい空間のために暗い空間の豊かさ、詩情、生、神秘を諦めようとは思わないのである」。

いずこにおいても、人間の生活空間、居住空間、行動空間においては、なんらかの状態で、さまざまな光が体験される。人間は、視野だけに身心を委ねて生きてきたわけではない。五感のさまざまな野によって、私たちは、サポートされながら、ケアされる状態で、人生の一日、一日を生きつづけてきたのである。そうしたさまざまな野は、相互に融合するような状態で、人間の生活と生存の舞台と領域、まさに〈世界〉となっているのである。

暗闇、漆黒の闇、深い空間、底なしの無限性と呼びたくなるような空間状況を体験したり、また、あらためて音の生起と様相に気づいたりすることは、人間としての生存を深く自覚するためにも、きわめて重要なことではないかと思う。

ここで、シオランの言葉をいくつか紹介したいと思う(シオラン『思想の黄昏』金井裕訳、紀伊國屋書店、一二三ページ)。

霧のなかを散歩していると、私にはきまっていつもよりも容易に自分というものが見てとれる。太陽は自分に対して自分を他人にする。というのも、太陽は世界を発見することで、私たちを世界の欺瞞に結びつけるからだ。だが、霧は苦しみの色である。

エイボン川の辺、白い闇の中で

霧のなかや吹雪のなかで体験されるのは、状況には違いがあるものの、白い闇である。光が含まれているような明るい闇が、体験されることもある。私たち家族三人での旅の一シーン——シェイクスピアの故郷、ストラトフォード・アポン・エイボンでのことだったが。一寸先がほとんど見えないような深い霧、濃密な白い闇が、シェイクスピアの生家の周辺で、このストラトフォードのそこ、ここで、エイボン川のほとりで、体験されたのである。ストラトフォードの風景、景観、人びとの姿、町なみは、白い闇のなかに沈みこんでいた。白い闇は、光が浮かび漂っている闇なのである。「すべてこの世界（この世）は舞台」（シェイクスピア『お気に召すまま』）——舞台は、さまざまな光と明暗によって照らし出されているのであり、この舞台では、さまざまな音が、光が、闇が、匂いや香りなどが、体験されるのである。楽の音が、人びとの身体や耳に触れることがある。人間は、避けがたい状態で、世界にとりこまれてしまっているのである。

ふたたびシオランである（同書、一五二ページ、二一五ページ、二二三ページ、二三二ページ）。

ワーグナーは音のエッセンスのすべてを闇から搾り出したようだ。

真に音楽を愛する者が音楽に求めるものは、避難所ではなく高貴な災厄だ。「宇宙」は、その激しい苦しみのために聳え立っているのではないか。

他の生き物は生きている。人間は生きるために努力をする。まるでひとつひとつの行為に踏み切る前に、鏡で自分の姿を見ているようなものだ。人間とは自分の生きているさまを見ている動物《どうぶつ》である。

生を見、そしてなお生きたいと思っている動物、すなわち人間。人間の劇はこの熱中に尽きる。

音楽とは絶対的時間、瞬間の実体化であり、さまざまの音の波に眩惑された永遠である……。

音の波——海がイメージされる。海は、生の象徴、生命と生命力、人間。音楽は、みごとなまでに人間の全体性であり、人間のアイデンティティなのである。

神秘さや不思議に目を瞠る感性を。センス・オブ・ワンダーを。

ここではレイチェル・カーソンの姿を見ながら、彼女の声を耳にしながら、終楽章を演奏したいと思う。

海洋生物学者、カーソンの言葉に注目するとき、私たちの誰もが、きわめて大切なことに気づくはずだ（レイチェル・カーソン『センス・オブ・ワンダー』上遠恵子訳、森本二太郎写真、新潮社、一二三ページ、二八ページ、三〇ページ)。

子どもたちの世界は、いつも生き生きとして新鮮で美しく、驚きと感激にみちあふれています。(中略)もしもわたしが、すべての子どもの成長を見守る善良な妖精に話しかける力をもっているとしたら、世界中の子どもに、生涯消えることのない「センス・オブ・ワンダー＝神秘さや不思議さに目を見はる感性」を授けてほしいとたのむでしょう。

子どもといっしょに自然を探検するということは、まわりにあるすべてのものに対するあなた自身の感受性にみがきをかけるということです。それは、しばらくつかっていなかった感覚の回路をひらくこと、つまり、あなたの目、耳、鼻、指先のつかいかたをもう一度学び直すことなのです。(中略)

月のない晴れた夜でした。わたしは友だちとふたりで岬にでかけていきました。そこは湾につきだしていて、まわりはほとんど海にかこまれていたので、まるで小さな島にいるようでした。はるか遠くの水平線が、宇宙をふちどっています。わたしたちは寝ころんで、何百万という星が暗い夜空にきらめいているのを見あげていました。

夜のしじまを通して、湾の入口のむこうの岩礁にあるブイの音がきこえてきます。遠くの海岸にいるだれかの話し声が、一声二声、澄んだ空気を渡ってはこばれてきました。

別荘の灯が、ふたつみっつ見えます。そのほかに、人間の生活を思わせるものはなにもなく、ただ友だちとわたしと無数の星たちだけでした。

わたしはかって、その夜ほど美しい星空を見たことがありませんでした。

虫たちの音楽と生命の鼓動をきくとき

「雷のとどろき、風の声、波のくずれる音や小川のせせらぎなど、地球が奏でる音にじっくりと耳をかたむけ、それらの音がなにを語っているのか話し合ってみましょう。そして、あらゆる生きものたちの声にも耳をかたむけてみましょう。子どもたちが、春の夜明けの小鳥たちのコーラスにまったく気がつかないままで大人になってしまわないようにと、心から願っています」。（同書、三八ページ）こうした明けがたのコーラスに耳を傾ける人は、生命の鼓動そのものをきいているのだ、とカーソンは、いう。虫たちの音楽をきくときには、どうすればよいのか。――カーソンの言葉がある（同書、四〇ページ）。――「虫たちの音楽をきくときには、オーケストラ全体の音をとらえようとするよりは、ひとつひとつの楽器をきき分けて、それぞれの弾き手のいる場所をつきとめようとするほうが、より楽しめます」。カーソンは、重要なポイントを明確に指摘していると思う。

環境世界――Umwelt Umgebung ユクスキュルのシーンだ。人間にとっての環境世界は、Umgebung として理解されるのだが、生物個体にとっての環境世界像の多様性に注目しながら、Umwelt を広い視野で理解して、そのうえで Umgebung の独自な様相と人間の環境世界像へのアプローチを試みることが必要とされるだろう。虫たちの音楽に耳を傾けることによって広々と体験される世界の地平があるのである。

人生の旅びとである私たちに必要とされるのは、自明性に疑いをかけること、そしてセンス・オブ・ワンダーである。

ワーグナー（ヴァーグナー）へ、暗闇へ――ニーチェの声に耳を傾けたいと思う（『ニーチェ全集別巻3　生成の無垢』原佑、吉沢伝三郎訳、ちくま学芸文庫、二二六ページ、267、二四一ページ、311、二七八ページ、419、四七八ページ、863）。

思想家としてのヴァーグナーの高さは、音楽家および詩人としてのヴァーグナーの高さと等しい。

ヴァーグナーの音楽の全体における波立ち、沸き立ち、揺れ動くもの。

『ローエングリン』のうちには多くの青色の音楽がある。

暗闇のうちでは人々は明るみのうちでとは別様に時間を感ずる。

ウィーンの秋。時の香りに包まれて

一九九一年の秋、私たち家族三人は、ヨーロッパに渡った。アムステルダムからスタートして、各地を旅して、ウィーンへ。私たちは、ウィーンの秋、ウィーンのさまざまな光と明暗、聖シュテファン寺院でのゴシックの空間とトポス、ウィーンの都市空間、さまざまなトポスと道、美術史美術館、たとえば、ピーター・ブリューゲルの絵画などを体験したが、ウィーン国立オペラ劇場でのワーグナーのオペラの一夕を忘れることができない。

「さまよえるオランダ人」――私たちは、このオペラの殿堂の特別席でワーグナーの歌劇を心ゆくまで体験することができた。ワーグナーの音と音楽、登場人物の演技と歌唱、ドラマの展開、舞台と舞台装置に見られた光と明暗、この歌劇の恐るべき迫力、そして休憩時間のことだったが、華やかなホールで目に触れた人びとの姿と動き、耳にふれた人びとの声とざわめき、劇場のみごとな建築空間、造作、デザイン、たたずまい、雰囲気、それらのことごとくが、なつかしい。記憶に新たである、夢幻かと思われるような一夕だったが、夢ではない。

郷愁、ジャンケレヴィッチは、それを時の香りと呼ぶ。時の香りは、人間にとって決してあやふやで頼りにならないものではないと思う。人間のアイデンティティは、時の香りによって包みこまれてしまっているのである。

蜜蜂が羽音をたてて

モーリス・メーテルリンクの言葉を紹介して結びとしたいと思う（モーリス・メーテルリンク『蜜蜂の生活』山下知夫・橋本綱訳、工作舎、四七ページ、２章　分封（巣別れ）XIII）。

> 蜜蜂は夏の魂そのものなのである。それは豊饒の時を刻む大時計であり、軽やかに翔びまわっている芳香の、敏捷に動く翅である。そしてそれは舞い踊る光線の英知、ゆらめく光のささやき、またながながと寝そべり安らいでいる大気の歌でもある。彼女たちの飛んでいる姿、それはまさに、熱から生まれ、光りの中で育つ無数の小さな歓びのひとつひとつ、眼にみえる徴し、あるいはまたその確信にみちた音符なのである。

メーテルリンクは、香りを空気を飾る宝石と呼んだことがある。私たちの世界探訪の旅は、広がりを見せながら、さらにつづくだろう。

〈文献〉


山岸健『レオナルド・ダ・ヴィンチ考　その思想と行動』ＮＨＫブックス２０７、日本放送出版協会、一九七四年五月。

山岸健・山岸美穂『日常的世界の探究　風景／音風景／音楽／絵画／旅／人間／社会学』慶應義塾大学出版会、一九九八年五月。

山岸健『人間的世界と空間の諸様相　人間／人間関係／生活／文化／東京／風景／絵画／旅／社会学』文教書院、一九九九年四月。

山岸美穂・山岸健『音の風景とは何か　サウンドスケープの社会誌』ＮＨＫブックス８５３、日本放送出版協会、一九九九年六月。

山岸健『人間的世界の探究　トポス／道／旅／風景／絵画／自己／生活／社会学／人間学』慶應義塾大学出版会、二〇〇一年一〇月。

小池妙子・山岸健編著『人間福祉とケアの世界　人間関係／人間の生活と生存』三和書籍、二〇〇五年九月。

山岸健『社会学的人間学　絵画／風景／旅／トポス／道／人間／生活／生存／人生／世界』慶應義塾大学出版会、二〇〇五年一〇月。

山岸美穂『音　音楽　音風景と日常生活　社会学・感性行動学・サウンドスケープ研究』慶應義塾大学出版会、二〇〇六年二月。

第Ⅱ部　秋の木の葉に、風が来《きた》って――パリの遊歩街《パサージュ》と人びと

パリ、一九九一年、秋の日。

都市空間は、建築空間であり、人間的空間である。街路、路上、街角など、さまざまな公共的空間があるが、道ゆく人びとの姿によってダイナミックな光景が体験される。都市空間においては、人間社会の匿名的で流動的な様相が照らし出される。都市空間は、人びとの生活空間、居住空間、行動空間であり、こうした空間へのアプローチにおいては、人びとの日常生活、人生の旅路の様相が、クローズアップされてくる。

都市空間は、トポス（場所）と道、河川、地形、さまざまな地区や界隈、ゾーンなどによって意味づけられているのである。こうした空間は、都会として、群集の森として、旅する人びとの旅の日々として、立ち現れている。

光の都、パリ、印象派の画家によってセーヌ川とならんで発見されたパリ、絵画や文学、音楽、オペラなどとともに姿を見せるパリ、世界的な観光都市、パリは、市井で生まれた社会学、創始の地であり、パリは、社会学の生まれ故郷なのである。

セーヌ川に姿を見せているシテ島は、パリの母胎ともいうべき場所であり、シテ島、隣接しているサン＝ルイ島によって、パリは中心性と形が明瞭にイメージされる場所となっている。

パリは、さまざまな通り、路地、街角、公園、駅、カフェなどにおいて音環境、音世界、音風景として体験される。パリは、アーバンランドスケープ［都市の風景］、サウンドスケープ［音の風景］として体験される意味世界である。

耳に触れる風景によって、また、音という視点から、パリへのアプローチを試みることは、意義深いことといえるだろう。都市環境、生活世界、環境世界、時間的空間的世界は、音において、音とともに、音によっても理解されるのである。

パリは、明らかに物音や騒音の巷であり、いろいろな音や大音響が都市空間で体験されるが、パリは、にぎやかな音とともに姿を見せているだけではなくて、静寂や静けさとともに体験されるパリがあることは、パリの都市像やパリの都市空間へのアプローチにおいて注目される。

さまざまな石の森（寺院・教会）の静けさがある。セーヌ川の河畔の水辺の遊歩道、パリのふたつの大きな森、墓地は、都市の自然の理解にあたって重要だ。文明と同義的な都市は、都市の自然において、自然とともに、都市のさまざまな音とともに、人びとの生活と生存の地平としてクローズアップされてくるのである。

一八八九年に完成したエッフェル塔とセーヌ川によって、セーヌ右岸、左岸によって、地理的空間、人間的世界、パリは、時間と空間の万華鏡的なスペクタクルが体験される花のようなトポスとなっている。エッフェル塔（独自の橋だ）とともに、パリは、セーヌ川と橋のパリである。

私たち家族三人は、これまで何度もパリを訪れているが、私たちは、旅びととしてだけパリを体験したわけではない。私たちは、パリのセーヌ左岸、イタリー広場のオリオンをパリのマイ・ホームとして、一カ月、パリで定住生活を営んだことがある。パリは、私たちの日常生活の拠点となり、私たちは、家族三人で、また、それぞれにパリを生きたのである。パリは、一九九一年一一月中旬から一二月末にかけてのパリは、私たちにとって、かけがえがないパリの日々であり、この時のパリの一日、一日は、私たちそれぞれの生活史、家族生活史、家庭生活にとって晴れがましく、輝かしい、夢のような、だが、確かな手ごたえがある私たち家族三人にとってのパリである。

時間と空間をどのように意味づけていくか――サン＝テグジュペリの言葉〝人生に意味を〟（フランス語、サンス sens のシーンだ）――人生の旅びとは、こうした言葉に注目しつづけないわけにはいかないだろう。

都市は、〈ひと〉das Man（ハイデッガー）が次々に姿を現すステージだが、都市生活者のアイデンティティと人間の条件が、問われるのである。

都市空間は、人間の感性と想像力が、のびやかに、活発に広がりゆくようなトポス（場所）である。アルベール・カミュは、パリを感性を磨くための舞台装置と呼ぶ。

人びと、人間は、都市空間に封じこめられているわけではない。都市空間において人間の人間性と可能性が、独自の方法とスタイルで花開き、人間のアイデンティティが築かれていく。都市／都会は、人間の開花と自己実現のステージ、おおいなる実験室なのである。都市空間において、大地のさまざまな片隅で、人間の生活と生存の様式、方法、いわば、人間の文化、生活の文化に磨きがかけられていくのである。都市の文化は、人びとの生活と生存に深く根ざしている人間と環境の対話そのものなのである。

朝のコーヒー――言説（エクリチュール）から

パリを徘徊《はいかい》するということは、なんというすばらしい甘美な生活ではあるまいか！　ぶらつくということは一つの学問だ。目の美食術《ガストロノミー》だ。散歩すること、それは草木のように世をおくることであり、ぶらつくことは生きることである。

バルザック

『バルザック全集　２』安士正夫・古田幸男訳、東京創元社、三四ページ、結婚の生理学。

私はコントのつぎの思想を好む。すなわち、象や馬や狼に欠けていたものは、おそらく、廟や神殿や劇場を築き、その周囲または内部に集まる暇だけだった、というのである。（中略）よく見れば、彼らすべてに欠けているものはモニュメントである。つまり、存続し、次の世代を教育するものである。そして、モニュメントのうちには道具をもかぞえねばならない。（中略）

人間の社会――これこそ真に社会である――を作るものは、別種の遺産である。それは家であり、神殿であり、墓であり、シャベルであり、車輪であり、鋸と弓であり、境界標であり、碑銘と書物であり、伝説であり、礼拝と像であり、要するに、生者にたいする死者の支配であって、これによって、パスカルの有名な言葉によれば、人類は不断に学ぶただ一つの存在のごときものとなるのである。（中略）

彼ら（さまざまな動物をさす、山岸健）に欠けているのは、徴を生みだすものである墓のまえに立ちどまり、そこに石を一個つけ加えることなのだ。彼らに欠けているのは、行動から身をひかせる尊敬なのだ。礼儀と言ってもよい。

アラン

『アラン著作集　4　人間論』原亨吉訳、白水社、一〇四ページ、一〇六ページ、28　人間の実質としての先入見。（モンテーニュについて――山岸健）想像力、迷信、先入見、情念に立ち向かう驚嘆すべき精神力は、『エセー』のなかに脈々と流れている。『エセー』は体系もなければ証明への熱狂も見あたらない、おそらくは唯一の哲学書だろう。

コント自身が命名し、もっとも高い位置においた社会学こそ、まちがいなく人間的問題の解決のきめ手となるだろう。

アラン

アラン『小さな哲学史』橋本由美子訳、みすず書房、五六―五七ページ、宗教的な哲学について、九九ページ、オーギュスト・コント。

私が窓を開けて眠ることをどうしても止《や》められないわけを話そう。電車は私の部屋をよぎりながら轟々《ごうごう》と走り去る。自動車は私の上を疾走する。戸が鳴る。何処《どこ》かで窓硝子《まどガラス》が軋《きし》みながら落ちる。私はその大きな破片がどっと笑い、小さな破片がくすくす笑うのを聞く。それから突然、家のなかの他の側から、鈍い、抑えつけられたような物音が聞えてくる。誰かが階段を登ってくるのだ。上って来たぞ、ひといきに上って来たぞ。ほら、そこに居る。まだ居る。とうとう通り過ぎてしまう。それから再び、街。（中略）誰かが叫んでいる。人々が走ってゆく。追いこしあう。犬が吠える。犬が……それは何《な》んという慰めだろう。また明け方には、鶏が啼《な》く。それを聞いていると、たまらなくぞくぞくしてくる。それから突然、私は眠る。

それ等は音だ。しかし此処にはそれよりもっと恐ろしいものがある。沈黙だ。

リルケ

『立原道造・堀辰雄翻訳集――林檎みのる頃・窓――』岩波文庫、二一八―二一九ページ、「マルテ・ロオリッツ・ブリッゲの手記」から（リルケ作／堀辰雄訳）。

街頭……正当なる経験を与える唯一の場所　　アンドレ・ブルトン

（次の短文、表現は、ヴァルター・ベンヤミンが、「マルセイユ」（一九二九年）と題されたエセーのエピグラフとして掲げている言葉である。――山岸健）

（カフェ・クレーム――ベンヤミンが次のように書いている。――山岸健）

パリでは、朝のコーヒーを、銀の盆にのせ、バターボールとマーマレードを添えて自分の部屋に運ばせる者には、朝のコーヒーのことは何もわからない。これを飲むのは酒場《ビストロ》に限る。そこでは鏡と鏡の間にあって、朝食《プティ・デジュネ》そのものがこの都市のごく小さな肖像を浮び上がらせる凹面鏡となっているのだ。　ベンヤミン

『ベンヤミン著作集11　都市の肖像』編集解説　川村二郎、晶文社、七六ページ、マルセイユ、一二四ページ、食物、一九三〇年、のうち、カフェ・クレーム。

遊歩者は視覚的で、蒐集家は触覚的である。

住むということの本質は、容れ物にわれわれの姿を刻みつけることにあるのだ。

パリは、それが神的なものにせよ、悪魔的なものにせよ、たがいに映しあう鏡像のような遠近法への情熱をもっている。凱旋門やサクレ＝クール教会、パンテオンでさえ、遠くから見れば低空に浮かんでいるように見え、

建築を通して蜃気楼を作り出すのである。■遠近法■

パサージュにとってそもそも問題なのは、他の鉄骨建築のようにその内部空間を明るく照らすことではなく、外部空間の侵入を抑えることである。

バルザックは、人間を未来という霧で拡大して見ていた。彼には人間たちはその霧の背後でうごめいているように見えるのである。それに対して、彼が描くパリは、彼の時代のパリである。このパリはそこに住む人々〈バルザックによって拡大された人間〉を基準にはかるならば、田舎のパリである。　ベンヤミン

『パサージュ論 V』ヴァルター・ベンヤミン、ブルジョワジーの夢、今村仁司ほか訳、一二七ページ、H 蒐集家、一六三ページ、I 室内、痕跡、一八三ページ、R 鏡、一八六ページ、R 鏡、三五六ページd 文学史、ユゴー。

現象学者は、人間を世界のなかに沈めもどし、人間の不安に、人間の苦悩に、また人間の反抗にも、その全重量を返したのであった。　サルトル

『サルトル全集 第23巻 哲学論文集 想像力・自我の超越・情緒論粗描』竹内芳郎訳、人文書院、二四二ページ、自我の超越。

感性は客観化的自発性における受容性の部分を意味するのではない。（中略）感性の新しい取り扱い方は、鈍重さそのままの濃密な感性に、一つの意味を、一つの固有の智恵を、一種の志向性を、認める点に存する。感覚《サンス》は意味《サンス》をもっているのである。

あらゆる知的構築は、自らが超出すると主張する感性的経験から、自らの建築術の様式と次元そのものを得る。感性は単に事実を記録するだけではない。感性は一つの世界を織りなすのであって、精神のどんなに高貴な仕事もこの世界に依存し、この世界から逃亡することはできないのである。

レヴィナス

エマニュエル・レヴィナス『実存の発見』佐藤真理人、ほか訳、叢書・ウニベルシタス522、法政大学出版局、一九二ページ、第二部　新たな注釈、現象学的「技術」についての考察（一九五九年）。

日常の生活において我々はつねに主として到達点を、結果をのみ問題にしている。これが行動とか実践とかいうものの本性である。しかるに旅は本質的に観想的である。旅において我々はつねに見る人である。（中略）旅は未知のものに引かれてゆくことである。それだから旅には漂白の感情が伴ってくる。（中略）我々は我々の想像に従って人生を生きている。人は誰でも多かれ少かれユートピアンである。旅は人生の姿である。

三木清

三木清『人生論ノート』新潮文庫、一三四―一三七ページ、旅について。

パリ、生活の詩、シンフォニー

セーヌ川とエッフェル塔によって意味づけられている、方向づけられているパリ、光の都と呼ばれてきたパリ――パリでは、セーヌ川の上流から下流に向かって、右手をセーヌ右岸、左手をセーヌ左岸と呼んでいる。社会学の創始者、命名者、オーギュスト・コントを記念する胸像が、高い台座の上に姿を見せているソルボンヌ広場やオーギュスト・コント通りが、そのエッジにあたるところに見られるリュクサンブール公園は、セーヌ左岸に位置している。

永井荷風の作品、『ふらんす物語』――主人公は、日本に帰国する前日、なじみのリュクサンブール公園を訪れて、パリに別れを告げることを思いたって、公園へ。公園では、そこでひとときを過ごしている人びとのさまざまな動きと姿、生活情景などが、この主人公の目に触れたのだった。荷風は、こうした場面で、〈生活の詩〉という言葉を用いている。当然、彼の耳には、さまざまな音が触れていたはずだ。

都市空間には、風景、音風景、印象、雰囲気、人びとの動き、五感に働きかけてくるさまざまなエレメントやモチーフなどが、それぞれに異なるさまざまな地域や地区、界隈、ゾーン、トポス、道、コーナーなどがある。都市空間は、まさに万華鏡さながらの様相を呈している。それぞれの地域、地区、界隈、トポス、道などの歴史と歴史的発展がある。クロード・レヴィ＝ストロースは、こうしたことをふまえて、パリをシンフォニーと呼んだのである。

ユゴーのパリ、バルザックのパリ、ボードレールのパリ……プルーストのパリがある。また『パサージュ論』などのベンヤミンのパリがある。ある時、パリに姿をみせたリルケ――『マルテの手記』に姿を現しているパリがある。また、高村光太郎のパリがあり、藤田嗣治のパリ、佐伯祐三のパリがある。佐伯の絵画には、セーヌ左岸のカンパーニュ＝プリュミエール通りの道端の風景、建物の入口の門を描いた油絵がある。このカンパーニュ＝プリュミエール通りのとある街角の建物には、写真家、アジェが住んでいたことがあり、今日、この街角には、アジェにかかわるプレートが、掲げられている。この通りのメトロ、ラスパイユ駅寄りのところに、ホテル・イストリアが位置している。マン・レイ、モンパルナスのキキ、アラゴン、マヤコフスキー、デュシャン、リルケなどのゆかりのホテルである。パリのセーヌ左岸に姿を見せているさまざまな通りがあるが、モンパルナス界隈では、モンパルナス通りとラスパイユ通りが、目につく通りだ。このふたつの通りが交差する地点がある。交差点近くのラスパイユ通りには、ロダンの彫刻作品、「バルザック」が、台座の上に飾られている。さきのオーギュスト・コントの胸像は、サン＝ミッシェル通りからリュクサンブール公園に向う途中、左手の小広場、ソルボンヌ広場の焦点となって、台座に飾られている。

大通り《ブールヴァール》と遊歩街《パサージュ》とセーヌの橋

セーヌ左岸には、サン＝ジェルマン通りが見られるが、とある地点で、セーヌ川方面からの道が、このサン＝ジェルマン通りと交差して、モンパルナス方面に向かう。この交差点に姿を現しているプレートがある。プレートには、サルトル　ボーヴォワール広場、と記されている。交差点に位置しているパリ最古のサン＝ジェルマン＝デ＝プレ教会と向き合う状態で、カフェ・ドゥ＝マゴが人びとを迎えており、すぐ近くには、カフェ、フロールが、サン＝ジェルマン通りに面して位置している。いずれのカフェも芸術家や文化人、知識人、名だたる人びとが姿を見せたトポスとして広く知られている。サン＝ジェルマン＝デ＝プレ教会界隈の風情と風景、音風景、道端の風景がある。

フランス語、リュ rue――この言葉には、道、街路、街、道沿いのそのあたりに住む人びと、などという意味がある。この言葉には、どことはなしに界隈や近辺が姿を現している。道端の風景は、地域や地区、通りや街路、路地、さまざまな道やトポス（場所）などに応じて、まことに多様だが、道端の風景には、それぞれの地域、地区、界隈などの様相や光景が、また、そのあたりの雰囲気やたたずまいが、人びとの暮らしの姿や生活感情、人びとのさまざまな思いが、感じ取られるのである。道を歩く時、人間の感性と五感が、生き生きと目覚める。身体と五感が、活性化される。道を歩く時、身体感覚が、生き生きと働く。そうした感覚が、取り戻される。

歩くこと、それは、人間の基本的な活動、行動、行為であり、また、歩行とは、世界体験の深まりと拡大、歩行者においての自己確認、自己発見なのである。歩行とは、さまざまなパースペクティヴでの世界へのアプローチであり、また、自己自身における人間の可能性へのアプローチといえるだろう。歩行は、ダイナミックな世界体験なのである。

サン＝ジェルマン＝デ＝プレ教会のすぐ近くに、おそらくはパリ最小の広場ではないかと思われるフュルスタンベール広場がある。独特の雰囲気が体験されるトポスだ。広場の片隅には、ドラクロワ美術館の入口が見られる。

広場とは、道が広がったところを意味する言葉だが、フュルスタンベール広場は、小さいながらも、言葉どおりのみごとな広場だ。いくつもの道や通りの集合点、たくさんの道の花束と呼びたくなるような広場ではない。

パリ、セーヌ右岸の凱旋門の広場は、驚くべきほどの数多くの道、街路がそこに姿を見せているエトワールである。メイン・ストリートは、シャン＝ゼリゼだ。

パリには、みごとな都市軸がある。コンコルド広場↓シャンゼリゼ↓エトワール↓ラ＝デファンス方面へと向かう大規模な印象的な都市軸だ。コンコルド広場には、オベリスクが、この広場を引きしめるような状態で姿を現している。このパリのみごとな都市軸は、正確にいうならば、ルーヴルからスタートして、チュイルリー公園からコンコルド広場へ、シャンゼリゼへ、エトワールへ……という方向性と展開においてイメージされる都市軸であり、ほとんど直線的なこうした都市軸と微妙にカーヴしながら流れ下っていくセーヌ川、ラ・セーヌによって、体験される、パリのリズムがあるのである。

エッフェル塔、一八八九年に完成したエッフェル塔においてイメージされる上昇性とリズム、形態感覚がある。ロラン・バルトは、エッフェル塔を大地から空に向かって架けられた橋と呼ぶ。セーヌ川に架かるさまざまな橋それぞれのリズム感があるが、パリのランドマークとなっているもうひとつの橋、エッフェル塔によって、橋のパリが、みごとにクローズアップされてくる。

遊歩者《フラヌール》の視線から

セーヌ川の流れに沿った河岸の道や水際の水面に近いプロムナード、遊歩道がある。この遊歩道を歩く時、道端の風景として、ラ・セーヌが、目前にクローズアップされてくる。パリの風情と詩情、郷愁がたっぷりと旅びとに体験される道として、このセーヌ川の遊歩道と墓地、ペール＝ラシェーズなどの道を指摘したいと思う。

セーヌ川の水辺には、ところによってさまざまな船・舟が姿を見せている。セーヌ川の河岸には屋台の古本屋が建ち並んでいるところがあるが、こうした屋台の下の方に遊歩道、そしてそのそばに船、舟といった眺めが目に触れる地点、トポス、道がある。さまざまなシップが、遊歩道の道端の風景となっているのである。

都市空間は、音空間、音環境としてイメージされる。夜間、パリで耳に触れるざわめき、潮騒のような音がある。こうした音についてバシュラールが言及している。バシュラールは、鉛直性、内密性などに注目しながら、根源的な家をイメージしている。パリには、こうした家はない、とバシュラールは、いう。

プルーストは、パリを石の都と呼んでいる。ロダンは、ノートル＝ダム寺院を石の森と表現している。パリでは、いたるところが石、また、石だが、鉄骨ガラス張りの場所があるし、森もある。鉄骨ガラス張りの建造物とトポスに注目した人物がいる。ヴァルター・ベンヤミンだ。鉄道の駅舎、温室とならんでパサージュが、こうした建造物としてクローズアップされてきたのである。鉄骨の建造物として一九世紀の文明を象徴しているともいえるエッフェル塔、ロラン・バルトは、この塔を鉄のレースと呼んでいる。

社会学や人間学（ヒューマニティーズ）、それぞれの風景

これまでパリを訪れるたびに、いくつものパサージュ（路地、遊歩街）を散策したことがあるが、パサージュで体験された道端の風景は、さまざまな店先や店舗、カフェなどだった。ベンヤミンは、パサージュを散策する遊歩者の目線の先に百貨店をイメージしている。パサージュがパリの都市空間に初めて姿を現し始めたのは、一八二〇年代の初頭である。コントのエセーが発表され始めた頃である。社会学の萌芽となったエセーである。

社会学の創始（コントによる）、誕生から今日にいたるまで社会学のステージでは、さまざまなアプローチ、方法、パースペクティヴが見られたが、人間と人間の日常的体験、日常生活、日常的世界、意味と意味領域、人間的なパースペクティヴが方法、モチーフとしてクローズアップされてくるような社会学、人間学がイメージされるような社会学、社会学的人間学に注目したい。あくまでも人間、人間的現実、人間的世界、日常生活と人生へのアプローチを試みたいと思う。

日常生活こそ人間らしいスタイルの社会学的人間学の中心的モチーフなのである。人間と社会、自然と文化、歴史へのアプローチにおいて、トポス〔場所、居場所〕と道が、衣食住が、風景や音風景が、注目されるモチーフとして浮上してくるのである。

社会をどのようにしてイメージするか。社会をどのように理解するか。デカルトは、「われ思う、ゆえにわれあり」といったが、こうしたデカルトへの批判的なアプローチが、必要とされるだろう。世界・場所・身体――こうした言葉は、デカルトに姿を見せていたものの、いずれも後退してしまい、デカルトは、精神に注目して、精神を絶対のよりどころとしたのである。オルテガ・イ・ガセーは、デカルト以降、西洋人は、世界なしに取り残されてしまった、と述べている。オルテガには、決定的な言葉がある。――「私は、私と私の環境である」。オルテガがいう環境とは、風景を意味する。

人間は、自己自身ではないところのものによって支えられており、そうしたものによってこそ自己自身たり得るのである。他者との接触や結びつきなしに自己自身を見ることはできないのだ。

さまざまな場所や片隅、道、都市空間、人間的空間である都市は、人間にとっては他なるものではあるが、都市空間やさまざまな居場所や道に巻きこまれながらも、人びとは、自己自身と向き合い、自己自身と世界の理解を深めることができたのである。

パリは感性を呼び寄せる。

アルベール・カミュは、パリを感性を磨くための舞台装置と呼んでいる。フェルナン・ブローデルは、人びとをよみがえらせてくれるような都市として、ヴェネツィアとパリを挙げている。ヘンリー・ミラーは、『北回帰線』のなかで都市、パリを生きる人間の姿を表現している。

都市は、いずこにおいても、サルトルがいう人間的空間であり、社会的世界、風景的世界なのである。パリは、セーヌ川の水辺や遊歩道や河岸、ノートル＝ダム寺院やサン＝ジュリアン＝ル＝ポーヴル、さまざまな公園や広場や墓地、交差点、さまざまな大通り《ブールヴァール》、街路、路地、ルーヴルやオルセーなどのさまざまなミュゼ（美術館）、名だたる観光名所などに姿を見せているだけではなく、大小さまざまなカフェのテーブル、カフェテラス、鉄道やメトロのさまざまな駅、ラ・セーヌに架かる橋、エッフェル塔、セーヌ川を往き来する観光船、いろいろな船・舟、運河、市場、オペラやオペラ座、シンフォニー・ホール、ほとんど目につかない市街地の片隅、ホテル・イストリアの客室や食堂、ロビー、朝食の席とテーブル……などにパリが姿を現しているのである。

確かにパリほど人びとの感性にナイーヴに働きかけてくる都市はないだろう。パリはなみなみならぬリズムとリズム感が体験される都市ではないかと思う。

カンパーニュ＝プルミエール通りのホテル・イストリアからほど近いモンパルナス墓地のコーナーともいえるところにブランクーシの作品が、墓碑となっているトポス（場所）がある。そこからは離れているが、この墓地の正面のゲートから入ったところ、右手の方に、サルトルとボーヴォワールの墓がある。この墓地には、サンサーンスの墓があった。

セーヌ右岸にあるポンピドーセンターには、広場の片隅にブランクーシのアトリエが復元されて公開されている。

日系アメリカ人、彫刻家、イサム・ノグチは、ブランクーシのもとで彫刻の道を歩んだことがある。

リズム——メキシコの詩人、オクタビオ・パスは、リズムは、意味であり、方向だ、という。リズム——意味——方向、いずれも注目される言葉だ。

つぎにフランス語、サンス sens ——ふたつの意味群がある。意味群1　感覚・意味　意味群2　方向——意味づけることは、方向づけることだ。歩行者は、道に出たら進むべき方向を決めて、目的地をめざす。さまざまな歩き方がある。テンポ、リズム、スピード……散歩、散策、ゆったりとした歩き方、ぶらぶら歩き、急ぎ足、走るような歩き方、人びとそれぞれのふつうの歩き方がある。

人間は、自己自身の身体と五感によって、生活と生存の舞台と領域である世界に位置づけられており、住みついているが、歩行、行動、行為によって、プラクシス（行為・実践）とポイエシス（制作・創造）によって、人間は、たえまなしに現実を構成しつづけており、人間的世界を築きつづけてきたのである。

さまざまな道があるが、道は、水の流れ、パスカルがいう動く道、河川と同じように生成そのもの、道とは、矢印、方向、方向性、運動、行動なのである。

トポス τόπος というギリシア語には、場所、位置、ところ、家、部屋、座席、村や町や都市などの集落、余地、チャンス、職業、墓、墓地などという意味がある。

パリでは、街路脇の歩道にベンチが置かれているところがある。道とトポスは、いたるところで微妙な結びつきを見せている。公園の道がある。ベンチが置かれているが、鉄製の一人がけの椅子が公園に姿を見せていることがある。広場に見られるいろいろなトポス、ベンチや椅子がある。オープンスペースに見られるベンチや一人がけの鉄製の椅子は、まぎれもなく匿名のトポスといえるだろう。セーヌ右岸のパッシーには、バルザックの家がある。かつてこの家を訪れたことがあるが、バルザックが用いていた椅子と机に、バルザックその人をイメージすることができた。バルザックの現前が体験されたのである。

カフェテラスを愛す

カフェのさまざまな席と椅子、テーブルがある。建物の内部のカフェ空間がある。建物の外ではあるものの、ガラス張りのカフェテラス空間があり、また、歩道、路上に見られる椅子やテーブルのトポスがある。道ゆく人びとと触れ合いそうになるトポスだ。こうしたカフェの椅子やテーブル、そこに姿を見せているカフェの客は、パリのもっとも印象深い道端の風景だと思う。歩道にはみ出した状態の空の下のカフェテラスは、まさにパリ風情そのものであり、パリの詩情と旅情が、こうしたカフェテラスに漂っているのである。

カフェといっても、その姿、たたずまい、空間とトポスの様相、雰囲気は、まことにさまざまだが、路上、路面、道端の空の下のカフェテラスこそ、パリの音風景、市街地の活動的な音が、生き生きと体験されるトポスなのである。パリの音風景という場合には、こうしたカフェテラスとその席は、見落とすことができない定点だ。

ジャン＝ポール・サルトルにおいて印象深いシーンがある。それは、カフェのボーイのシーンだ。ボーイの身のこなし方、動き、役割演技をサルトルは、ボーイのダンスと呼ぶ。ボーイは、ボーイであることを演じるのだ。サルトルは、自己欺瞞的行為という言葉を用いている。ボーイには、ボーイの服装とマナー、行動のスタイルがある。ボーイの持ち場と役割行動がある。ボーイは、客の動きを注意深く見守りつづけなければならない。カフェでは、ボーイは、ボーイでありつづけるが、ボーイは、ボーイでしかないわけではない。

ある時、ベンヤミンは、カフェ・ドゥ＝マゴの片隅で自己自身の立場と境遇をめぐって思いをめぐらしたことがあった。パリの生活を営んでいたベンヤミンは、さまようことによってパリを理解し、パリのふところの深いところを体験することができたのである。ベンヤミンにおいては、遊歩と遊歩者（フラヌール）が、姿を見せている。

知と美の饗宴

おそらくパリほど多くの人びとによって語られたり、取り上げられたり、描かれたりしてきた都市はないだろう。ショパンのパリがあり、ピカソのパリがある。ヘミングウェイのパリがある。九鬼周造のパリがある。

モンテーニュの人間学からコントの社会学へという流れに当然の道理を見出していた九鬼周造のパリ生活がある。三木清は、ドイツのマールブルクでの留学生活ののちにパリに入り、凱旋門の近くに居場所を定めてフランスのモラリストの作品に親しみ、特にパスカル研究に打ちこむ。

モラリストのスタートラインに位置しているモンテーニュは、自己自身をモチーフとして人間の理解を深めているが、あるところで、パリのすばらしさを称賛している。パリ、セーヌ右岸には、モンテーニュ街がある。

エミール・デュルケムは、社会学の先駆者として、モンテスキューとルソーに注目しているが、モンテスキューは、大都会を世界を旅する人びとの故郷と呼んでいる。

パリほど世界各国からの人びと、旅びとを心安くうけいれてきたトポス、都会があるだろうか。異邦人、外国人は、パリでは決して珍しい人びとではない。パリがまるで故郷そのものとなっていた人びとは、枚挙にいとまがないだろう。

ロシアのヴィテブスク生まれの画家シャガール、彼の脳裡から生まれ故郷が消えたことはなかったが、シャガールは故郷をモチーフとして作品を制作し、また、さまざまな画面にパリを描きこんでいる。シャガールの絵に姿を見せているセーヌ川やエッフェル塔、パリのさまざまなトポスがある。

エッフェル塔は、一八八九年に竣工したが、「グランドジャット島の日曜日の午後」で広く知られているスーラは、建設途中のエッフェル塔を描いている。

見るべき都市は、形をそなえている、とチェスタトンが述べている。こうした都市として彼は、ローマ、パリ、エディンバラの名を挙げている。パリ――セーヌ川にその姿を現しているシテ島とサン＝ルイ島によって、パリはみごとな形をそなえた都市となっているのである。シテ島と隣接して上流方向に位置しているサン＝ルイ島をバルザックは、パリのヴェネツィアと呼んでいる。こうしたふたつの島からセーヌ川を下っていくと、やがてセーヌ左岸にエッフェル塔が雄姿を現す。トロカデロ方面からセーヌ川に架かる橋を渡ってエッフェル塔に向かう軸線がすばらしい。

ハイデッガーは、橋は、まわりにあるものを集めて風景をつくり出す、といったが、川に架かる橋ではないが、パリのもうひとつの天空をめざす橋、エッフェル塔は、パリを傘下におさめているみごとな橋なのである。ロラン・バルトをふまえていうならば、エッフェル塔は、パリを大自然たらしめるようなまなざしなのである。

睡蓮の池と花畑の庭とモネのこと

私たち家族三人が、セーヌ左岸のイタリー広場に面した場所・オリオンでパリ生活を営んでいた時のことだったが、私は友人でフランス文学者、高山鉄男さんの車でマルセル・プルーストゆかりのイリエ＝コンブレーを訪れたことがある。プルーストの『失われた時を求めて』のシーンを思い浮かべながら、私たちは、イリエのそこ、ここを散策したが、厳しい寒さで川には氷が張っていたことを思い出す。プルーストは、コンブレーのふたつの散歩道について書いている。ゲルマントの方に向かう道をたどっていくと、あるところで睡蓮の花畑と呼ぶことができるような風景が目に触れたのである。道端の風景となっていた睡蓮である。

池の睡蓮、睡蓮の庭というならば、クロード・モネである。パリからセーヌ川を下っていったトポス、ヴェルノンから少しばかり入ったところにあるジヴェルニーを私たち家族は、二度、訪れている。このジヴェルニーのモネのトポスには、色とりどりの花が咲き乱れている花畑の庭のほかに、隣接してモネが水の風景を描いた睡蓮の池、水の庭がある。近くの流れから水を引いて池をつくり、睡蓮や柳が姿を見せている池が生まれたのである。この池には、日本風の太鼓橋が架かっている。モネにとっては、この水の風景、睡蓮の池は、野外のアトリエだったのであり、彼は、このうえなくすばらしい鏡を手に入れたのである。

パリでの睡蓮ということになると、コンコルド広場に面したオランジュリーとパリの中心部から少し離れたところにあるマルモッタン美術館である。光の都といわれてきたパリは、さまざまなアートの都である。オペラ座の天蓋にあたるところには、シャガールのみごとな天井画が見られる。

鉄道の時代のサウンドスケープ

セーヌ川とパリは、印象派の画家たちによって発見されたという見方がある。モネやルノワールらが描いたパリがある。セーヌ右岸にあるサン＝ラザール駅は、絵画史を飾る駅だ。噴煙を上げている蒸気機関車と鉄骨ガラス張りの駅舎などが、モネのモチーフとなっているが、モネは、この駅のすぐ近くに架かっているヨーロッパ橋をモチーフとした絵を制作している。また、マネは、子どもと女性を前景として噴煙のサン＝ラザール駅の構内が背景となった作品を描いている。鉄道の時代は、絵画史を飾っているのである。イギリスでは、いうまでもなくターナーの「雨・蒸気・速力」（一八四〇年）が注目される。鉄道の駅や汽車の旅において体験される音と音風景があったのだ。まさに文明の音というべき音や旅する人びとのざわめきなどが、人びとの耳に触れたのである。

一八五四年に出版された一冊の本がある。それは、ソローが著わした『森の生活』(Henry David Thoreau:WALDEN; OR, LIFE IN THE WOODS)である。この作品には、「音」と題されたパートがある。この作品全体が、サウンドスケープ研究の嚆矢《こうし》ともいえる注目に値する作品である。汽車は、鉄の馬であり、汽車の発着は、この地の人びとにとって時計がわりとなっていたのである。

鉄道の時代は、社会学と呼ばれる道に、明確にその影を落としている。ハーバート・スペンサーは、一八三〇年代の後半、鉄道に技師として職を奉じており、イギリス中部のウースターで仕事をおこなっていた時、鉄道事業の展開時に掘り出された化石を目にして、ライエルの『地質学原理』を手にすることになり、進化論にアプローチすることになったのである。

パリ——セーヌ右岸には、サン゠ラザール駅のほかに、パリ北駅、東駅、リヨン駅があり、セーヌ左岸には、オステルリッツ駅、モンパルナス駅がある。今日では、美術館、ミュゼとなっているが、オルセー駅が、かつてはセーヌ左岸にあった。さまざまな鉄道駅とともに、方面と方向、さまざまなトポスが姿を見せているのである。パリは、セーヌ右岸、左岸のこのような駅によって意味づけられて(方向づけられて)いるが、パリの全域が、メトロによってくまなく意味づけられているのである。音風景としてのメトロに注目したいと思う。まるで洞窟としかいいようがないメトロの地下通路やメトロの車内で耳に触れるいろいろな楽器の音色やさまざまな音楽がある。広場や街角などで人びとの耳に触れる音や音楽がある。ストリート・ミュージックもパリの音風景となっている。

パリは社会学の原郷

セーヌ右岸には、モンマルトルの丘があり、サクレ・クール寺院が、この丘に姿を見せている。かつては、この丘に幾つも風車が見られたのであり、モンマルトルの丘は、風と風車のトポス、場所だった。ルノワールの絵画「ムーラン＝ド＝ラ＝ギャレット」――ダンスミュージックに乗って踊りを楽しんでいる人びとの姿や談笑している人びとの姿が描かれている絵だが、風車《ムーラン》の場所が、人びとの楽しみと社交、交友の場所となっていたのである。ゴッホは、モンマルトルの風車を描いており、また、道端の風景として、このムーラン＝ド＝ラ＝ギャレットを描いている。

セーヌ右岸のモンマルトルの丘、セーヌ左岸では、聖ジェネヴィエーヴの山／丘、小高い場所である。この丘の上には、パンテオンがあり、ルソーをはじめ、フランスの名だたる人びとの墓所となっている。パンテオンには、シャヴァンヌの絵画「聖女ジェネヴィエーヴ」が姿を見せているトポスがある。

ジャン＝ジャック・ルソーは、ジュネーヴ共和国に生まれた人であり、フランス人ではないが、フランスでは特別な位置づけが与えられている。『エミール』の出版によって、ルソーは、人びとの激しい非難にさらされ、パリから追われるようにしてパリを去る。逃れるようにして、スイスのビエンヌ湖の島でしばらくのあいだ心静かに過ごす。この島の近くに無人島があり、ルソーにとっては、この島に兎を放つことが祭りだった。最晩年、ルソーは、パリへ。セーヌ右岸の一筋の通りにトポス（居場所）を見出し、気が向くとシャンゼリゼに出かけたりしたが、緑の野に身を委ねたくなると、サン＝ジェルマン方面に散歩したのである。今日、パリの地図を見ると、セーヌ右岸、ルーヴルからそれほど離れていないところに、ジャン＝ジャック・ルソー街を見出すことができる。セーヌ川に矢印が入っている地図がある。河川は、矢印であり、方向、方向性だ。矢印によって水の流れは、意味づけられているのである。パリの北駅、東駅、駅名に東西南北の方位、方向が入っている。

サン＝ルイ島、シテ島からセーヌ川を下っていくと、水の道、ラ・セーヌの道端の風景としてエッフェル塔が姿を見せる。さらに下っていくとグランドジャット島が、視界に浮かぶ。パリに滞在していた時、この島を訪れたことがあった。日曜日の午後、この島に姿を現している人びとが描かれたスーラの絵は、ルノワールの「ムーラン＝ド＝ラ＝ギャレット」とともに、人びとの生活情景や風俗、時代の姿などが描かれた、いずれも社会学の原風景ともいえる作品である。こうした画家たちの作品に見られるパリがあり、バルザックの作品に見られるパリがある。

社会学は、まちがいなくサン＝シモンとコントにおいて世に姿を現した科学、コントがいうところの第六番目の科学だが、コントの同時代人、バルザックの仕事と作品においてイメージされる社会学の方法とモチーフ、アプローチがあると思う。さまざまな人びとのパリ生活、日常生活、風俗、トポス、場所と道などに注がれたバルザックのまなざしは、彼の手法、方法、アプローチ、表現とともに、みごとなまでに社会学的、しかも人間学的ではないかと思う。パリの社会学、日常生活の社会学というネーミングは、バルザックにふさわしいように思われる。クルツィウスは、バルザックにおいて、パリの社会学という言葉を用いている。

ミラボー橋のたもとで

一九九一年一二月一〇日、この日私は、イリエ＝コンブレーを訪れたのだったが、友人のフランス文学者、高山鉄男さんの車でパリにもどった時に、ミラボー橋のたもとで別れて、アポリネールの詩で名高いこの橋の上からセーヌ川の上流方向を眺めたが、上流方向に向かって、セーヌ左岸、右手の前方に、エッフェル塔が見えた、その時のパリ風景を思い浮かべている。

パリは象徴的なまでにセーヌ川と中心部に姿を見せているサン＝ルイ島とシテ島によって意味づけられている。シテ島はパリ発祥の地であり、セーヌ川と船はパリのシンボルとなっているのである。パリの市街地の形成過程を見ると、中世初期のパリでは、シテ島とこの島を囲むようなセーヌ川の両岸のエリアがパリとしてイメージされる。一三七〇年頃のパリを見ると、サン＝ルイ島はまだ市街地化されていないが、一六七六年のパリを見ると、サン＝ルイ島は市街地となっている。一九世紀のことだが、ボードレールには、サン＝ルイ島の河岸のとあるトポス、場所に住んだ時期がある。シテ島が母船と胚種となってパリの市街地が拡大していったのである。パリが市壁の都市であった時代があったのだ（ラスムッセン、横山正訳『都市と建築』東京大学出版会、五八―五九ページ、マップ、参照、三銃士のパリ）。都市の壁、城壁のような市壁によって、トポス、集落であるパリは、ガードされていたのである。シテ島は、まるで船のように見える。さまざまな船があるが、シップは、まさに人間社会そのものといえるだろう。社会は、グループにおいて、人間関係によって、私と汝（西田幾多郎）によってイメージされる。

オーギュスト・コントは、家族と人類のそれぞれにおいて社会を理解しようとしていたのである。

ルソーは、家族を始まりの社会と呼んでいる。

イメージされる都市像という点から、都市空間とトポスとしての都市へのアプローチを試みたケヴィン・リンチのキー・ワードに注目したいと思う。――パス／ノード／エッジ／ランドマーク／ディストリクト。

回転木馬、子どもの頃に。

さまざまな道、街路などがパス。パリ、セーヌ右岸には、オスマン通り、大通り《ブールヴァール》が姿を見せているが、この通りのとあるトポス、場所に、プルーストが住んでいたのである。オスマンによってパリの大改造がおこなわれたが、一九世紀において、パリのストリート・パターンが大きく変わったのである。今日のパリにおいては、パリの歴史や古い時代のパリの面影が体験されるような地区や界隈、片隅がある。セーヌ右岸のマレー区において体験される古いパリがある。

マレー区のボージュ広場は、赤煉瓦造りの建物によってぐるりと取り囲まれている独特の雰囲気が体験されるトポスであり、リズムとバランスのハーモニーがすばらしい。スクエアと呼ばれるようなこの広場の片隅にユゴーゆかりの場所があり、いまではユゴーの博物館となっている。そのすぐそばには、広場のコーナーにあたるところに、子どもの遊び場がある。すべり台やシーソーなどの遊具が置かれている。

子どものために、という心づかいが見られる場所が、パリにはところどころに姿を見せている。市庁舎前の広場の片隅にはメリーゴーラウンドがあり、親子づれのなごやかな人間的空間がクローズアップされてくる。メリーゴーラウンドの場所が、ほかにもある。冬になると、この市庁舎前広場には仮設のスケート場が設けられる。スケートを楽しむ子どもたちや親子づれの姿が、スケートに興じる子どもたちの声が、この広場で体験される。ぐるぐるまわる木馬には、子ども時代が生きている。メリーゴーラウンドの哀愁と郷愁がある。メリーゴーラウンドの音風景がある。

人間的空間と場所への愛

人間的空間という言葉は、サルトルが、レヴィンのホドロジー空間をイメージしながら用いた言葉であり、人間と人間との出会いや触れ合い、交わりが体験される行動空間が、人間的空間なのである。サルトルは、プルーストのコンブレーのふたつの散歩道、スワン家の方へ、ゲルマントの方へ、において、人間的空間をイメージしている。

都市は、都市社会として、地域、地区、界隈、ゾーンとして、近隣として、コミュニティとしてイメージされるが、アーバン・ランドスケープ、サウンドスケープ、建築空間、ストリート・パターンなどという視点からも、また、トポスと道、公園、子どもの遊び場、ミュージアム、コンサートホール、劇場、百貨店、盛り場、広場、大聖堂・教会、墓地、駅、交通網、街路、カフェなどというモチーフにおいても、都市へのアプローチが、おこなわれるのである。

地図によっても、体験される風景においても、河川や橋においても、都市像が、都市空間が、時代と歴史が、クローズアップされてくる。人間のアイデンティティの中枢となっているのは、いうまでもなく記憶だが、都市空間には、人びとそれぞれの記憶のよりどころやバシュラールがいうトポフィリ（場所への愛）となっているようなトポス、場所や道が、次々に見出されるのである。

道はパス、交差点はノード、河岸はエッジ、そしてランドマーク、土地の目印――パリでは、ノートルダム寺院、エッフェル塔、モンマルトルの丘、モンパルナス・タワー、ラ＝デファンス、エトワールの凱旋門などが、有力なランドマークとなっているが、コンコルド広場のオベリスクも、まちがいなくランドマークといえるだろう。パリの広場には、このほかにもモニュメンタルなランドマークとなっているような作品が、姿を現している。ディストリクトとは、なんらかの特徴によってハーモニーが体験されるような大地の区域を意味する言葉だ。

パリには、ルーヴルあたりを起点として右まわりの渦巻状に展開する一区、二区、三区……などとナンバーがついたさまざまな地区がある。パリの都市空間は、こうした地区《カルティエ》によって方向づけられている（意味づけられている）のである。

セーヌ川沿いのさまざまな河岸や遊歩道は、パリの際立ったエッジといえるだろう。水辺や遊歩道で体験される音、音風景がある。セーヌ川の水辺や水際は、自然と触れ合うことができる貴重なトポスであり、道である。

祝祭のコンコルド広場に。観覧車に乗って

一九九九年の一二月の末から二〇〇〇年の一月初めまで私たち家族三人は、パリで旅の日々を過ごしていたが、時代を画するこの時期のパリは、特別な雰囲気につつまれていた。コンコルド広場には観覧車が姿を見せており、飾りつけやイルミネーションによって、観覧車はまさに祝祭のみごとなオ

ブジェとなっていたのである。私たちは、凱旋門方面からコンコルド広場に向かってシャンゼリゼを歩いたが、この観覧車は目につくアイ・ストップ、ランドマークとなっていたのである。新年を迎える頃には、あちこちでパン、パンとクラッカーが鳴る音がして、あたり一帯は大さわぎの人びとのさまざまな叫び声や歓声によってつつまれたのである。パリは、まさに沸騰状態にあった。人の波、そして波、群集の巷だった。人びとの波によって私たちは押し流されそうになったし、家族三人は、たがいに離ればなれになりそうになった。コンコルド広場は、大群集によって埋めつくされていたのである。ふだんは、さまざまな交通流が体験されるコンコルド広場は、一二月三一日、まちがいなくイベントの広場となっていたのである。

数日後、私たちはコンコルド広場のこの観覧車に三人で乗って、さまざまに変化する高さからシャンゼリゼや凱旋門方面、エッフェル塔方面などを眺めたが、特別なまなざしでパリの都市空間とパリ風景を、パリの大地と水の流れなどを空中散歩の状態で体験することができたのだった。

コンコルド広場は、人工的な都市空間、建築空間だが、モーリス・メルロ＝ポンティは、コンコルド広場の石に注目して、人間的空間や人びとの手が加わったトポスの根底に現出した自然の姿を見出している。

石の都のさまざまな石に近づけば近づくほど自然が顕わにクローズアップされてくるだろう。あらゆる都市は文明のエッセンスだが、都市において徹底的に自然にアプローチすることは、きわめて大切なことだと思う。パリの空の色は、パリの自然の色である。自然の音がある。エルンスト・ブロッホは、自然を朝焼けの国と呼んだことがある。文化や文明へのアプローチを試みるということは、なによりも自然を深く理解しなければならないということだ。

社会は、グループやグループ・ライフ、コミュニティ、さまざまな場所、トポスや道においてイメージされたり、理解されたりするが、社会の理解にあたっては、人間と社会へのアプローチにあたっては、道ゆく人びとman-in-the-streetや群集、焦点が定まっていない、いろいろな集まりなどに注目しなければならない。人波にまぎれこんでしまう快感、不特定多数の一人となってしまう状況──おそらく誰もが、こうしたことを体験しているだろう。正体不明、匿名性、仮面の人物──人間にとっては、ことごとく気になるはずだ。

その舞台は、パリではなくてロンドンだが、エドガー・アラン・ポーに「群集の人」と題された短編小説がある。探偵小説の原型といえるようなこの小説にボードレールが注目しているが、ベンヤミンもこうしたポーやボードレールに注目している。道ゆく人びと、遊歩者、人波、不特定多数の人びとなどとともに姿を現す場所、トポスや道がある。

群集の森、場所の記憶

ホーフマンスタールは、パリを民衆の生活によって築かれた風景と呼んだが、ベンヤミンは、『パサージュ論』のなかで、こうしたホーフマンスタールを紹介している。

一八四〇年に発表されたポーの「群集の人」は、フランスのモラリストの一人、ラ・ブリュイエールのモチーフ、一人でいることに耐えられない男を継承した作品であり、人波、群集のなかで安住できる人物、たえまなしに都市空間を右往左往したり、突き進んだりするような市中の人物が、「群集の人」と呼ばれているのである。病が回復して気分が良くなった私は、ロンドンの通りに面したくつろぎのトポス、場所で外を眺めている。かなりの年齢かと思われる気になる男が、この私の目に触れる。私は外に飛び出して、ひたすらこの男の跡を追う。一昼夜以上にわたって追跡がおこなわれたのだが、私はついに追跡をあきらめる。この片時も休まずに市中を動きまわる男は、一人でいることに耐えられない群集の人なのだ。ポーは、ラ・ブリュイエールのモチーフとなっている言葉をエピグラフとして掲げている。

なぜボードレールやベンヤミンが、ポーの「群集の人」に注目したのか。それは、パリが、まさに群集の森であり、群集がまるでパリを生活の風景、人生のステージたらしめているような都市現象だったからではないかと思う。いずこの都市でも多かれ少なかれいえることだと思うが、都市空間は、道ゆく人びとや人波、群集によって意味づけられているのである。都市生活を営む家族や家族の家庭生活は、パリにおいても、パリを理解するためにも重要な意味を持っているし、家庭や家族に注目しなければならないが、都市空間のさまざまなトポス、場所や道で体験される風景は、なかば匿名的な多数者ではないかと思う。私たち家族三人は、パリで異邦人として、旅びととして、パリ生活を営む人生の旅びととして、パリのさまざまなトポス、場所や道に、いろいろな駅やプラットホームに、ミュージアムの片隅に、カフェに、ノートル＝ダム寺院や教会に、書店や文房具店に、百貨店に、パサージュに、セーヌ川の河畔に、広場やパリの片隅に、市場に、コンサートホール、オペラ座などに、セーヌ右岸にセーヌ左岸に、パリの森などに姿を現していたのである。

都市の所以

都市を都市たらしめているのは、コントのキー・ワードを用いるならば、人類であり、家族である。また、人生の旅びと、人間、生活者であり、異邦人である。マックス・ウェーバーは、都市を故郷を異にする人びとが集う場所、トポスとして理解したことがある。社会学では民衆の生活、日常生活が、中心的なモチーフとしてクローズアップされてくる。

アメリカの都市研究者パークは、ゲーテの『ファウスト』に導かれて社会学にアプローチしたと述べているが、パークがフランスの作家エミール・ゾラの小説に注目して、ゾラの小説に社会学のモチーフやエッセンスを見出していることは、文学と社会学のかかわりという点において記憶さるべきことではないかと思う。ゾラにも、バルザックにも、ボードレールにも、社会学のモチーフと方法、アプローチが見出されるのである。ユゴーにも注目したい。

コントは、道具や書物、境界標、記念碑などに注目して人間社会の奥ゆきの深さと持続性、継承性、独自性を理解しているが、こうしたコントに強い共感を示してコントと一体化している人物がいる。アランその人である。アランは、バルザックに社会学の糸口とスタイルを見出している。

部屋のバルザック、家具調度品のバルザックと呼びたくなるようなところが、バルザックには見られる。居住空間、生活空間は、日常生活と一体となっている。住まうこと、それは、存在そのもの、道ゆくこと、それは、生成そのもの、人生の旅びと、人間は、人生行路や日々の生活において、生存そのものであり、生成／存在なのである。

コントは、記念するということを人びとに知らしめた人だ、とアランはいう。アランは、コントの思想、「死者による生者の支配」という言葉に全面的な共感を示している。

孤独は街にある

パリで留学生活を体験したことがある三木清は、孤独について、と題されたエセーのなかで、次のように書いている（三木清『人生論ノート』新潮文庫、六五ページ）。

孤独は山になく、街にある。一人の人間にあるのでなく、大勢の人間の「間」にあるのである。孤独は「間」にあるものとして空間の如きものである。「真空の恐怖」――それは物質のものでなくて人間のものである。孤独は内に閉じこもることではない。孤独を感じるとき、試みに、自分の手を伸して、じっと見詰めよ。孤独の感じは急に追ってくるであろう。

孤独を味うために、西洋人なら街に出るであろう。ところが東洋人は自然の中に入った。彼等には自然が社会の如きものであったのである。東洋人に社会意識がないというのは、彼等には人間と自然とが対立的に考えられないためである。

三木清は、人間を小説的動物と呼んでいるが、日常生活と人生行路に姿を見せている人間を演劇的動物と呼ぶこともできると思う。

「水と緑と美しい景色」こそ

都市、文明、石や鉄は、ボードレールそのもの、こうしたボードレールと対極的なところに姿を見せているのは、ジャン＝ジャック・ルソーである。ルソーは、「目を開けると水と緑と美しい景色」という言葉を残している（『告白』）。リヨンの郊外のソーヌ川かローヌ川かの河畔で自然のもとで一夜を明かした時のルソーの言葉だ。

パリのルソー、晩年ではなくて、パリに出てきてしばらくした頃のことだが、ヴァンセンヌの森のとあるところに身を置いていた、不自由なディドロを訪れた時、ルソーはこの森のなかで原初の手つかずの自然を体験したのである。ルソーは、その時、自然状態を着想したのである。

ルソーは、デルポイの神殿の銘〝汝自身を知れ〟という言葉は、モラリストの言説よりもはるかに深い意味を持っている、という。ルソーの心が傾いていたのは、山道、自然のままの森林、湖水、無人島、原生の樹木、あくまでも水と緑である。ルソーは、民衆の生活や素朴な生活情景にまなざしを注いでいた人である。ルソーの耳には、自然のやさしい音が触れていた。ルソーは、まちがいなく感性の人である。「むすんで開いて……」という歌は、ルソーの作曲による作品である。

今日のスイス、ジュネーヴが生まれ故郷であるルソー、晩年はパリで日々を過ごしている。小鳥を飼っていた。サン＝ジェルマンの野で緑を体験したルソーの目には、はるかかなたのヴァレリアンの山が映っている。ルソーは、かなたの山を目にして、生まれ故郷、山と湖のジュネーヴや祖国に思いを馳せていたのではないかと思う。

なぜ晩年、ルソーは、パリで人生の日々を生きたのか。パリは文明の巷だったが、ルソーは、パリの都会ならではの魅力を忘れてはいなかったのだろう。パリで体験される自然もあった。ルソーには都会での生活を楽しんでいるようなところがある。パリでのルソーの晩年の都会生活をイメージするならば、パリのふところの深さが理解されるように思われる。

都《みやこ》と市《いち》、風景として。

都市――都と市においてクローズアップされるトポス、集落、社会がある。市が立つトポス、場所、交易のトポス、人びとが集うところ（トポス）、マックス・ウェーバーは、マルクトオルト（市《いち》が開かれる場所《オルト》）という言葉を用いて、都市へのアプローチを試みているのである。ドイツ語オルト Ort は、槍の先端部分の一点を意味する言葉であり、ギリシア語トポスとほぼ同義の言葉である。そこ、特定の意味づけられたところ、空間、それがトポスであり、オルトだ。ドイツ語で集落は、オルトシャフト Ortschaft である。大地のそこに、ここに、人びとは暮らしのステージを築き、たがいに助け合いながら、日常生活を営んできたのである。さまざまな風景があるが、大地の眺め、光景、いわば風景として、さまざまな集落の風景ほど旅びとの五感に働きかけてくる風景はないだろう。風土と地形、立地、自然、人間の営み、プラクシスとポイエシス、人間のイマジネーション、想像力が、集落の風景に凝縮されているのである。あらゆる集落は、歴史的なトポスであり、社会的世界であるとともに風景的世界なのであり、それぞれの集落で体験される音や音風景がある。広場と泉、街道は、集落をイメージしたり理解したりする場合、チェックポイントとなる。集落景観として目につくのは、屋根の姿、形、色彩感であり、道端の風景、たとえば、建物の様相、壁、窓、道、路面の姿、状態などだが、道ゆく人びとの姿と歩き方に注目しないわけにはいかない。石畳の道の風情がある。パリの石畳がある。

時計彫刻師の徒弟となって。

「ダランベールへの手紙」――ルソーのレターだが、内容は、演劇、スペクタクルについてのルソーの考察、意見である。ルソーは、演劇についてては、疑いを抱いている。この演劇論ともいえるルソーの手紙、エセーのなかから、ふたつのシーンを紹介したいと思う。ひとつは、ヌシャテルの近くでルソーが体験した庶民、民衆の生活情景にかかわるシーンであり、ものづくりに励むシーンもルソーの目に触れたのである（ルソー『演劇について　ダランベールへの手紙』今野一雄訳、岩波文庫、一一七―一一九ページ）。

わたしは、若いころ、ヌシャテルの近くに、かなり楽しい、そして恐らくは世界中でそこにだけ見られる、情景を見たことを思い出します。一つの山ぜんたいに住居がつくられていて、その住居の一つ一つがそれに付属する土地の中心になっています。そして、それらの家々は、等しい距離にあって、所有者の財産も同じように等しく、その山の多数の住民に、隠れ家の落ちつきを与えるとともに、社会の楽しさを与えるものにもなっています。その恵まれた農民たちは、みんな裕福で、人頭税、租税、公役《くやく》、夫役《ぶやく》を課せられることもなく、その生産物は自分のものになる土地の耕作にうちこみ、その耕作に必要でない、残りの時間を用いて、自分たちの手でさまざまなものを作り、自然が与えてくれた創意に富む天分を利用しています。とくに冬、雪が深くて往来が容易でない季節には、みんな、自分で建てた木造のきれいで清潔な家に、大勢の家族の者とともに、ぬくぬくと閉じ籠もって、楽しみとなるいろんな仕事に携わっていて、それが安らかな住処からたいくつを追い出し、生活をいっそう楽にすることにもなっています。（中略）その人たちにはその上まだ余裕があって、鋼《はがね》、木材、厚紙のいろんな器具をたくさん作って、それを他国に売っています。その幾つかはパリにまで来ています。そのなかには、数年まえからパリに見られるあの小型の木製の時計があります。鉄製の時計も作っていますし、懐中時計さえ作っています。（中略）

それだけではありません。その人たちは有益な書物をもっていますし、かなりの学問もあります。あらゆることについて分別のある議論をしますし、いくつかのことについては才気あふれる議論もします。サイフォン、磁石、眼鏡、ポンプ、晴雨計、暗箱を作ります。壁にはあらゆる種類の器具がたくさんつるしてあって、あなたも、農家の茶の間を機械工場か実験物理学の研究室とまちがえることでしょう。みんなが多少はデッサンをとったり、絵を描いたり、計算したりすることを心得ています。大部分の人がフルートを吹きますし、多くの人がいくらか音楽を知っていて、正しい歌い方をします。

「隠れ家の落ちつき」と「社会の楽しさ」

まるで楽園、パラダイスかと思われるようなシーンだ。今日のスイスの山村の生活情景である。家族生活は、文字どおり家庭生活だったのだ。庭は、パラダイスを意味する言葉である。ルソーが体験したこの地の人びとは、誰もが自分のための職人（指物師《さしものし》、錠前屋《じょうまえや》、ガラス屋、ろくろ細工師）であり、こうした人びとは、世帯道具や家具などを自分の手でつくって生活していたのである。時計製造の技術は細分化されていたのに、この地の人びとは、さまざまな技能を身につけており、さらに時計づくりのための道具まで自分でつくってしまうという有様だった。

ここで私たちの目に触れたルソーの手紙のなかで注目したいと思うのは、「隠れ家の落ちつき」という言葉と「社会の楽しさ」という言葉だ。住まうということは、大地に根をおろして、大地に身を委ねるということだが、身を隠すということでもあるといえるだろう。あらゆる家、個人の、家族生活の「場」トポス、家は、隠れ家なのだ。人びとは、身を隠しながら、落ちつきを取り戻し、安らぎと休息を得るのである。「社会の楽しさ」とは、共同生活のなかで体験される喜びをさす。『エミール』においては、ルソーは、エミールが初めて手にとる本として、デフォーの『ロビンソン・クルーソーの生涯と冒険』を挙げているが、無人島での一人ぐらしは、「社会の楽しさ」とはほど遠い。「隠れ家の落ちつき」と「社会の楽しさ」は、家庭での家族生活において実現されるのである。この地の人びとには絵ごころがあったようだ。ルソーは、楽器の演奏や音楽についても書いている。

次のようなシーンにも注目したい（同書、一二五ページ）。

自由があれば、人が集まるところには、いたるところに、快適な生活もまた見られます。広場のまんなかに、花で飾った一本の杭を立てなさい、そこに民衆を集めなさい、そうすれば楽しいことが見られるのです。もっとすばらしいことをしなさい。観衆を見せることにするのです。かれら自身を登場人物にするのです。みんなが顔を見せ合って、お互いにほかの人たちを愛し、すべての人がいっそう強く結ばれるようにするのです。

自然人と自然状態を肯定して

ルソーは、舞台演劇をイメージしているわけではない。民衆がたがいに触れ合って、理解を深めながら、たがいに強く結ばれるようなスペクタクル、場面をイメージしているのである。

デカルトは、これまでは観客として舞台を眺めていたのだが、これからは仮面をかぶって進み出る、という言葉を残したが、ルソーは、民衆が自由に参加できる野外での祭のようなスペクタクルを提言している。ルソーにおいては、あくまでも民衆であり、自由である。平等といってもよいだろう。ルソーは、全会一致の意志を一般意志と呼んでいる。一般意志は、部分意志や全体意志とは異なる。社会学では、コンセンサス・モデルとコンフリクト・モデルが対照的に論じられることがある。たとえば、ホッブスはコンフリクト・モデル、ルソーはコンセンサス・モデルというように。ルソーは、ホッブスがいう自然状態は、社会状態にすぎない、という。ルソーは、ほんとうの自然状態を呈示しようとしたのである。

フランス近代社会思想の父として

ルソーにおいては、人間という言葉と社会という言葉は、同等の比重で理解さるべき言葉ではないかと思う。人間において社会を、社会において人間を、というアプローチは、ルソーの方法である。社会契約や一般意志へのアプローチや『新エロイーズ』（『ジュリー』）、『人間不平等起原論』、『エミール』などの作品内容において、ルソーは、社会学前史を飾る注目さるべき人物なのである。

コントのまなざしやコントの三段階の法則においては、ルソーは、形而上学的段階に留まる思想家と呼ばれるだろうが、人間と社会へのアプローチや自然や風景、大地へのアプローチにおいて、ルソーは、社会学の道を歩み始めているのである。

フランスのモラリスト（人間性追求の思想家、作家）と呼ばれる人びとが、社会学前史に屹立していることは、いうまでもない。モンテーニュ、デカルト、パスカル、ラ・ロシュフコー、ラ・ブリュイエール……そして一八世紀のイギリスの道徳哲学者と呼ばれる人びと、ヒューム、スミス、ファーガソン――また、一八世紀のイタリアの歴史家、ヴィーコ、彼は、〝汝自身を知れ〟というデルポイのアポロンの神殿の銘を最初の社会理論と呼んでいる。

ルソーは、大地を人類の島と呼び、植物を大地の飾りと表現している。ルソーは、植物に情熱を注いでいる。――「広場のまんなかに、花で飾った一本の杭を立てなさい、そこに民衆を集めなさい」とルソーが書いている。広場は、花の広場、民衆の広場となるのである。自由・平等・博愛という言葉がフランスの支柱となっていることは、いうまでもない。

西田幾多郎の哲学やデカルトの思索を通じて

フランス哲学について考察した時、西田幾多郎は、モンテーニュの仕事とアプローチに注目し、また、フランス語、サンス（西田はサンという）sens には、sense Sinn とは異なった独特のニュアンスが見られると述べている。西田は、フランス哲学へのアプローチにおいて、モンテーニュをふまえて、日常的世界を哲学のアルファ、オメガと呼んでいる。西田の方法と考察にあっては、日常生活は、人間がそこに生まれて、そこで働き、そこで生涯を終える世界なのだ。日常生活は、日常的世界と呼ばれる世界なのである。ライフ life の研究者をめざした西田は、意味実在の世界を歴史的世界、価値実現の世界を社会的世界として理解している。日常的世界は、いうまでもなく時間的空間的世界であり、表現的世界、人格的世界、創造的世界なのである。

デカルト――「われ思う、ゆえにわれあり」、ところが、西田幾多郎は、「われ行為する、ゆえにわれあり」といい、また、「われ歩く、ゆえにわれあり」という。西田の真骨頂ともいえる表現だ。ライフの研究者が、モンテーニュに親近感を抱いていたことは、まちがいない。

フランス人、デカルトは、アムステルダムで生活して思索をつづけていたことがあるが、彼は、アムステルダムの市中に姿を見せて、人びとの動きやさまざまな光景を注視していた人でもあった。こうしたデカルトに注目して、デカルト的人間と群集の人（ポー）を対照的に見ていた人がいる。ポール・ヴァレリーだ。ヴァレリーは、パリに注目して、比類なきパリの独自性と位置づけに深い理解を示している。感性豊かなヴァレリーの原風景となっていたのは、生まれ故郷、セートの港湾風景とセートが抱かれていた地中海の風景である。

パリは、あくまでもラ・セーヌに抱かれた河岸と水の流れと島の都市、都会だが、セーヌ川は、大西洋に向かって方向づけられているのである。永井荷風の『ふらんす物語』の主人公は、アメリカから大西洋を旅して、ルアーヴルに到着して、列車でパリをめざす。車窓からは、まるで印象派の絵のような風景が見えたのである。列車はパリに入る。荷風は、サン＝ラザール駅に着した、と書いている。モネは、パリを描き、セーヌ川に沿った風景を描いている。また、彼は、大西洋の海岸風景を制作している。

セエヌ河の水の歌声

堀口大學の『月下の一群』のページを開くことにしよう。ギィヨオム・アポリネエル（堀口の表記）のミラボオ橋の前半のところを紹介したい（堀口大學『月下の一群』現代日本の翻訳、講談社文芸文庫、四三―四四ページ）。

　ミラボオ橋

ミラボオ橋の下をセエヌ河が流れ
　われ等の恋が流れる
わたしは思ひ出す
悩みのあとには楽《たのし》みが来ると

　日が暮れて鐘が鳴る
月日は流れわたしは残る

手と手をつなぎ顔と顔を向け合《あは》う
　かうしてゐると
われ等の腕の橋の下を
疲れた無窮の時が流れる

　日が暮れて鐘が鳴る

月日は流れわたしは残る（以下略）

手と手、顔と顔──人間と人間、人間の根源的な風景だ。セーヌ左岸にあるロダン美術館には、男、女それぞれの右手が、ほとんど触れ合いそうな状態で直立している彫刻作品「ラ・カテドラル」（一九〇八年）が、飾られている。もともとは、ビロン館と呼ばれていたロダンの邸宅とアトリエの一画に、パリに出てきたばかりのリルケが、一時、身を寄せたことがある。リルケは、人間の手に大地の地形と相貌を見ていた人だ。リルケにとっては、パリは、彼の感性に強く働きかけてきた都市である。リルケは、パリでセザンヌの絵を見出している。

堀口大學に「巴里の橋の下」と題されたエセーがある（堀口大學『季節と詩心』講談社文芸文庫、一三八─一四〇、一四五ページ）。

東から西へ流れて、セエヌ河がその大きな弧線で、巴里の市を左右の両岸に分ち、その平らな流れを運ぶ途中、巴里はその水の上に美しい橋を二十余本も架け渡す。

美しい都巴里の美しさの大半はセエヌ河の美しさの故であるが、美しいセエヌ河のその美しさの大半は、この河に架け渡された数々の美しい橋と、その間をつなぐ美しい河岸との故である。河岸と橋をセエヌ河を取り去った巴里は想像することさえも出来ない。それ程セエヌ河は巴里にとって大切だ。シティの島とサン・ルイの島が巴里の心臓の左右の両室であるなら、そこから上流下流へ伸びているセエヌ河は、差当り巴里の大動脈だと呼ぶにふさわしい。（中略）

由来、大都会を形成する街路や辻や、広場や公園は、その都会の大衆の精神を反映するものだが、之に反して大都会を貫流して流れる河川は、自らの持つ特徴と性格をその都会に与えるものなのだ。河はその水の中に、都市の伝統の最も隠密な要素を漂わせて流れている。河はまた人知れずその都市の過去の姿を秘めていて、蝕まれ古い鏡のように、時あって、気高い、しかもさびしい空気のうちに今の吾等に伝えてくれる。この意味で、巴里にとってのセエヌ河は、東京にとっての隅田川だ。

かつて巴里にいた時、セエヌ河の河岸の乗合蒸気《バトオ・ムウシュ》の発着する桟橋に立って、暮れかかる川の面を眺めながら、足元につぶやくように歌っているセエヌ河の水の歌声を耳にして、私は初めて、伝統あり統制ある巴里精神の神秘の源流の啓示を会得したような気がしたのであった。(中略)

二十余本に及ぶ巴里の橋のうちで、私が一番好きなのは巴里も西のはずれ、オットイユ区にあるミラボオ橋だ。数ある巴里の橋の中で、むしろみすぼらしい方の代表的な橋だが、私はこの橋の下に真の巴里の魂を感じ、まことのセエヌ河を感ずる。夏になると、この橋の下は、遠慮の要らない水泳場になる。(中略)

巴里で一番美しい塔、一番高い塔。エッフェル塔が立っているのも、セエヌ河に架渡されたイエナ橋の袂、シャン・ド・マルスの公園の中だ。この塔は、最近四十年の人間の審美眼の変化の生きた歴史を物語る。

堀口大學の『季節と詩心』は、昭和一〇年八月、第一書房から刊行されている。川は歌う。堀口は、「つぶやくように歌っているセエヌの水の歌声」と書いている。パリでは、セーヌ川の歌声は、パリの基調音といえるだろう。エセー「巴里の橋の下」には、詩人、ポオル・フォルの「巴里橋づくし」と題された詩とさきのアポリネエルの詩、「ミラボオ橋」、また、アポリネエルの詩、「マリイ」の最後の一節が紹介されている。堀口は、このエセーのあるところで永井荷風を回想している。荷風には、小説『すみだ川』があるが、この作品は、大川、隅田川が主人公となっているということもできる作品だ。荷風がパリやセーヌ川に思いを寄せていたことは、まちがいないだろう。『パリ』と題されたエセーを著しているジュリアン・グリーンは、セーヌ川を主人公として『漂流物』というタイトルの小説を書いている。

「伽藍が白かったとき」

セーヌ左岸に大学都市と呼ばれる場所、トポスがある。世界各国からの留学生がパリでの生活と学習の拠点としているところであり、各国それぞれの建物、会館が、点々と見られるトポスだ。この大学都市の一画にル・コルビュジエの設計作品、スイス館がある。私たち家族三人でこのスイス館を訪れて、コルビュジエの名高いピロティ方式の建築を目のあたりにしたことがあった。ピロティ方式とは、支え柱、支えの側壁によって、建物が地上から浮き上がった状態で姿を現している建築の様式をさす。

アメリカ紀行ともいえるル・コルビュジエの作品、『伽藍が白かったとき』の原著まえがきに次のようなシーンがある（ル・コルビュジエ『伽藍が白かったとき』生田勉・樋口清訳、一一ページ）。

ある夏の真昼のことであった。私は、パリの言いようもなく青い空の下、セーヌ河の左岸をエッフェル塔に向って全速力で車を走らせていた。一瞬、私の目は青空の中の白い一点に惹きつけられた。それはシャイヨー宮の新しい鐘楼であった。私は、ブレーキをかけて眺め、突然、時の深みに引きこまれた。そうだ、中世伽藍《カテドラル》はかつて白かったのだ。真白で眩《まばゆ》く、そして若かったのだ——黒く汚れ、古びたものではなかったであろう。時代全体が新鮮で若かったのだ。

ル・コルビュジエは、「パリは高貴な都市の冠、和《なご》やかな真珠《パール》、艶《あで》やかな黄玉《トパーズ》、輝く碧玉《ラピス》、憂愁の紫水晶《アメジスト》だ。そしてニューヨーク、それは乾いて硬い、勝利にきらめく大きなダイアモンドだ」と書いている(同書、八八ページ)。ル・コルビュジエは「線細工のエッフェル塔」という表現を用いている。

ある意味では、都市は、限りなくハードなストラクチャー、客体と呼びたくなるような現象だが、また、こうした都市は、限りなくソフトな人間的現実、人間的風景として理解されるような出来事ではないだろうか。クーリーは、社会を生活の位相、様相 a phase of life として理解したが、大地の一点を都市と呼ぼうと、都会と呼ぼうと、なによりも注目されるのは、人生の旅びと、人間の日常生活と人間の生存ではないかと思う。ハイデッガーは、人間存在の本質を実存と呼んでいるが、人間の実存と世界へのアプローチを試みることが、都市空間や都市、都会、都市と呼ばれるトポスや都会の道の理解にあたっては必要だと思う。

天空の思索者はいう――〈人生に意味を〉と。

サン=テグジュペリは、人間を住まう者と呼び、ハイデッガーは、人間を命に限りがある状態で大地に住まう者と見ている。道をたどりつづけること、人間が向かう方向に意味を見出しているサン=テグジュペリには、〈人生に意味を〉という言葉がある。彼は、終始、意味――方向、フランス語サンスに注目しつづけている。サン=テグジュペリによれば、科学における概念は方向であり、方向とは実践的な行為であり、それは、風景に意味を引き入れることなのである。

風景体験においては、どこから、どのような方向を眺めるのかということが問題だ。高度が視点に入ってくる。オルテガ・イ・ガセーは、視点はパノラマをつくり出す、という。人間の五感において、遠近感、距離感、方向と方向性などが、つねに注目される。耳において体験される遠近感、距離感、方向性がある。フランス語、サンスは、感覚からスタートする言葉だが、感覚は、まさに意味――方向と一体となっているのである。

人間、都市空間、風景という時には、大地と宇宙的自然が、時間と空間が、クローズアップされてくる。メルロ＝ポンティにも同様の見方が見られるが、大地は、時間と空間の根源、母胎なのだ。パリの大地がある。パリが体験される地平線がある。

ノートル＝ダム寺院の塔と螺旋階段

パリで生活していたとき、パリを旅していたとき、私たちは、家族三人でエッフェル塔にのぼったし、また、ノートル＝ダム寺院の塔の屋上に出たことがある。三人でモンパルナスタワーにのぼったこともある。エッフェル塔とモンパルナスタワーにおいては、私たちはエレベーターに乗って頂点に立った。エッフェル塔の高いところから眺めたパリは、ロラン・バルトが指摘しているように自然にもどったトポス、「場」、パリというように感じられたのである。セーヌ川は、やはりパリの主役だった。

バルザックは、高いところからパリを眺めた風景を大海原と表現したことがある。それほどでもない高さから、パリの風景と詩情を生き生きと体験することができることは、私たちが旅びととして、しばしば体験したことだ。

高いところからのパリ体験として特別に感銘深いトポス、場所があるとしたら、やはりノートル＝ダム寺院の塔の屋上ということになるだろう。らせん階段をのぼっていくと、ノートル＝ダムの鐘のトポスに出る。さらにのぼっていく。塔の屋上だ。ガーゴイルが目に触れる。ボードレールが注目していたシャルル・メリヨンのエッチングには、手前にガーゴイル、その先の方にセーヌ右岸のサン＝ジャックの塔、そのさらに先には、右岸の市街地が表現された作品がある。

らせん階段――パリのホテルには、らせん階段が姿を見せているホテルがある。らせん階段にも、屋根に見られる煙出しにも、カフェテラスにも、セーヌ川の水辺の散歩道やさまざまな道の石畳にも、メトロ、地下鉄の出入口のアールヌーボー様式の装飾や鉄柵にも、ムフタール市場の店先にも、シテ島の下流部分、ポン＝ヌフに近いところに位置している独特の形状のドーフィーヌ広場にも、パリの詩情と人びとの生活感情、生活の詩が、にじみ出ているのである。ポン＝ヌフは、新しい橋という名の橋だが、パリでは一番古い橋だ。シュールレアリスムのアンドレ・ブルトンの作品に、このドーフィーヌ広場が姿を見せている。

人間がそこで生きている日常的世界は、あくまでも現実的であり、身が切られるように感じられる現実が、ほとんどいつも人生の旅びとによって体験されるが、人生を生きるということは、多元的現実を体験するということであり、シュールレアリスティックな現実が、また、ほとんど夢見心地といえるような現実や幻想的な現実などが、こうした世界で体験されるのである。人間は、意味のなかで人生を旅しつづけているのだ。

人間の現存在と時間性のこと

セーヌ左岸にクリュニー美術館（フランス国立）がある。中世のミュゼである。私たち家族は、何度もこのミュゼを訪れて、中世を生きたが、ハイライトは、「貴婦人と一角獣」だった。五感のそれぞれがモチーフとなったタピスリーがそろって展示されているコーナー、みごとなその場所は、パリのもっとも壮麗な、みごとなまでに色彩的でソフトな、感動的な特別な場所ではないかと思う。このクリュニーの入口に近い建物の左手にあたる外壁には、日時計がデザインされて姿を見せている。文明が進んだ今日でも日時計の時間と時間性には、あらためて注目しなければならないだろう。ハイデッガーは、現存在の意味は、時間性である、という。日時計は太陽の時計だが、光と影の時計である。

さきに紹介したルソーのダランベールへの手紙には、時計にかかわる文章が見られたが、さまざまな時計と時間、時間性について人生の旅びとは、理解を深めないわけにはいかないだろう。人間の生とは、まさに時間そのものであり、時間は意味の源泉、意味とは時熟なのである。

客観的時間があり、人間的時間、生きられた、意味づけられた時間、内的時間（ミヒャエル・エンデ）、記憶がある。思い出や郷愁は、まことに深い時間である。時の香りと呼ばれるような時間があるだろう。人間を生成として理解したジャンケレヴィッチは、郷愁を時の香りと呼ぶ。『失われた時を求めて』――マルセル・プルーストにおいては、無意識的記憶である。目覚めた状態にある過去、生き生きとした過去があると思う。

人間的時間――パリほど人間的時間にふさわしい場所、トポスがあるのだろうか。ヘミングウェイは、『移動祝祭日』において、全面的にパリをたたえている。パリは、移動祝祭日なのだ。思い出と郷愁のパリ、パリをこのように表現することができるだろう。一度でもパリを旅した人であるならば、パリが深い時間、さまざまなドラマとエピソード、スペクタクルが体験された人間的時間であることを否定しないだろう。サン＝テグジュペリがいう加わる時間、それは生の時間である。

パリの音とその風景《サウンドスケープ》――温もりと安らぎの場所

パリほど、パリの都市空間、パリのトポスとしての場と道ほど、生き生きとした、しかも都市のつややかな表情、人間的な風景、人びとの生活情景、生活の詩を豊かに体験させてくれる都市、都会があるだろうか。

この石の都で体験されるいろいろな物音や騒音がある。いたるところで耳に触れる騒音は並大抵のものではない。都市空間は、都会として、音環境として、アーバンランドスケープ／サウンドスケープとして立ち現れているのである。大通り《ブールヴァール》で耳に触れる大音響があるが、脇道、小路、路地、街なかの片隅、教会のなかなどにおいては、音風景は、大きく変わる。

ジュリアン・グリーンは、セーヌ左岸の片隅にある（ノートル＝ダム寺院とは至近距離の位置だ）サン＝ジュリアン＝ル＝ポーヴルのたたずまいと静けさ、魅力的な雰囲気について感慨をこめて書いている。

パリ滞在中、私たちは、何度もこのサン＝ジュリアン＝ル＝ポーヴルを訪れている。この教会でコンサートを体験したこともある。太い柱の教会だ。どことなく素朴な温もりが感じられる心安らぐ「場所」である。静寂の「場所」だった。

石の森（ロダン）、ノートル＝ダム寺院は、ひたすら静かな落ちついた深い森である。たくさんのローソクの火によって照らし出された片隅を除くと、この森のなかは、ほんとうに暗い。訪れた人びとの声やざわめきは耳に触れるが、パリの街路や街角、広場、カフェなどと比較すると、まったくの別世界だ。一番奥の方に、キリストを抱きかかえた聖母マリアが、姿を現している。ノートル＝ダムは、聖母マリアの寺院である。薔薇窓の光と色彩、輝きがある。ロダンは、オルガンの音色にいろいろな音を聴き分けているが、私たちは、ノートル＝ダムでミサのオルガンやコンサートのオルガン音楽を体験したのである。オルガンの演奏で体験された音は、いいあらわしがたいほど独特で多様だったが、大地と自然が、人間と自然とが結ばれたコスモス（宇宙）が、この石の森で体験されたのである。パリには、信じがたいほどの静寂な「場所」がある。パリの音環境は、さまざまな「場」の音環境をはるかにこえているような広がりと深さにおいて人生の旅びとによって体験されるとしかいいようがないだろう。それにしても、道も、場所も、片隅も、パリでは、まことに魅力的だ。

しわがれた声のパリの町が、ざわめいているから。

パリの音の博物誌をイメージしたいと思う。ここでユゴーの詩を紹介したいと思う。ユゴーの詩集『秋の木の葉』におさめられた作品のひとつである（『ユゴー詩集』辻昶・稲垣直樹訳、潮出版社、九三

―九四ページ）。

もっと遠くへ！　もっと遠くへ行こう！――暗い落日の光を受けて
私は見るのが好きだ、野原で私の影が大きく伸びて、進んでいくのを。
だが、あの町はまだあそこにある！　まだ町の音が聞える。町の姿が見える。
私の思想が私に語りかける声に、心静かに耳を傾けるわけにはいかない。
しわがれ声をもつこのパリの町が
まだ私のすぐそばで、ざわめいているからには。
私ははるか遠くまで逃げのびて、茂みにこの身を隠したい。
羽根飾りのように、町の額にかかっているあの霧や、
立ち並ぶ塔の上にいつもかかっている、あの煙から逃れるために、
音をたてて飛びさる羽虫の、小さいが鋭いささやきが、
パリの町の大きな声をかき消してくれるように！

一八二八年八月二六日

ユゴーの心境と耳が、パリの音、ざわめきと羽虫の音が、この詩において浮かび上がっている。音風景がイメージされる。どこまで行くとパリから逃れることができるのか。野原が姿を見せているが、市街地と野原それぞれの環境世界がある。ユゴーは、『ノートル＝ダム＝ド＝パリ』においても、『レ＝ミゼラブル』においても、パリを主題化しており、パリの都市空間は、トポスとして、道として、地域、地区として、都会として、風景として、ユゴーのモチーフとなっている。パリの社会学といえ

ば、バルザックだが、ユゴーにも、パリの社会学と人間学が、姿を覗かせているのである。

ユクスキュルは、知覚領域と作用領域をふまえて、生物固体それぞれに特有の環境世界Umwelt（＝環世界とも訳す）へのアプローチを試みているが、人間にとっての環境世界Umweltには、もうひとつの言葉Umgebung（周囲、境遇、環境）という言葉が用いられている。都市空間は、トータルに人間の環境世界Umwelt Umgebungであり、また、フッサールがいう生活世界Lebensweltなのだ。動物、鑛物、植物、人間、人間によってかたちづくられたもの、あくまでも具体的で人びとの関心や注意、意識、行為や行動、活動が、それへと向けられている日常生活と人間の生存の領域——それが生活世界だが、都市空間は、こうしたユクスキュルとフッサールそれぞれの世界概念をふまえてイメージするならば、まことに多様な姿と領域、側面、次元が、次々にクローズアップされてくる人間的世界なのである。だが、都市空間は、本来的には、自然の世界であり、都市の大地と自然、都市の生物、鑛物、植物、生態系には、特別な注意をはらわなければならない。

ブーローニュの森で

セーヌ川の市街地、パリ——ラ・セーヌの上流方向には、ヴァンセンヌの森が、また、下流方向には、ブーローニュの森が、それぞれみごとな森として、姿を現している。ほんとうの森だ。森林ではあるが、森の風格が体験されるパリの大切なトポス、場所である。こうしたふたつの森によって、パリの都市空間は、豊かな自然がたっぷりと体験される〈日常的世界〉となっているのである。ふたつの森、いくつかの公園、名だたる墓地によって、セーヌ川の水辺と河岸と遊歩道によって、大聖堂や教会によって、カフェによって、ミュージアム（ミュゼ）によって、アカデミックなトポスによって、ブールヴァール、大通りやいろいろな道やパサージュによって、広場によって、船や運河によって、市場や店舗、ショーウインドーによって、広場や公園の椅子やベンチによって、メトロや鉄道の駅や駅舎によって、名だたる観光名所によって、パリは、地球のひとつの焦点ともいえる特別なトポス、場所、都市／都会となっているのである。

パリは、社会学の生まれ故郷だが、大学のアカデミズムのステージにおいて生まれた科学ではなく、バルザックが描くようなパリの片隅で、街／町のなかで、パリの片隅で生まれた新たな方法であり、ある意味では、パリこそ社会学の母胎なのだといえるだろう。

パリのふところの深くに入りたいと思ったら、セーヌ川に近づいて水辺を散策すること、ペール＝ラシェーズなどの墓地を訪れること、森のなかで自然とともにパリを体験すること、カフェテラスに姿を見せること、ノートル＝ダム寺院やサン＝ジュリアン＝ル＝ポーヴル（教会）やサン＝ジェルマン＝デ＝プレ（教会）を訪れて、石の森を体験することが、どうしても必要だ。もちろんルーヴルやオルセー、オランジュリー、マルモッタン、ロダンなどのミュゼで至福の時を過ごすことが望ましい。そしてオペラ、コンサートホール……。ロダンは、森を抜け出た時に空を発見した、という。ロダンにおいては、彫刻の源泉、原風景となっていたのは、森林である。

文明の発達について述べた時、イタリアの歴史家、ヴィーコは、初めに森、次に小屋、つづいて村や町や都市、そして学院、と書いているが、光の都、パリが、森の都でもあることは、まことに意義深いことだと思う。

パリの音に耳かたむけて

大きなふたつの森、そして石の森（大聖堂や寺院、教会）――パリは、まさに群集の森だが、さまざまな森において体験されるパリによって、パリ、パースペクティヴ（遠近・眺望・視野、さまざまな野）が、まことに多様、多彩で多次元的な広がりと地平を私たちに体験させてくれる世界の出来事、現象となっているのである。

パリと呼ばれる都会、人間の社会、巷間は、自然の地平において展望されるスペクタクル（光景）であるとともに、みごとな音環境、音風景が体験されるトポス／道なのである。騒音とざわめきが、ほとんど休みなしに体験されるだけではない。石の森の音世界があり、石の森の音がある。オルガンの音楽と音色にパリがあるといえるだろう。カフェの内部空間、トポスやカフェテラスで体験される音にパリがあることは、まちがいない。だが、いたるところでパリの音が体験される。自然の音、人間が発する音、人工音、合図の音、基調音、ランドマークのような音……音、また、音――そして静寂。音体験においては、沈黙、静寂、静けさは、きわめて重要だ。パリでは、大きなふたつの森や石の森や墓地で体験される音によって、巷間の音、群集の森の音、市中の音、生活の音などが、一層深く体験されるのである。石の都、パリの大地は、さまざまな森の音や水の音、市街地の音、人びとの声などによって、まさに音環境、音風景としてのパリとなっているのである。

サルトルと人間的空間

パリの都市空間は、人間的空間であり、社会的文化的空間だが、人びとによって、人びとの生活と生存によって、旅びとの旅の日々によって、さまざまなトポス、場所と道によって、大地と地形と風景によって、歴史的風土とモニュメント、記念碑によって意味づけられた人間的世界、まさに社会的文化的世界なのである。こうした空間と世界の基盤、根底となっているのは、自然である。自然の大地が、歴史的な歳月のなかで、みごとなまでに人間の生活環境、居住環境として、環境世界、生活世界として、トータルに意味世界として、かたちづくられてきたのである。世界の持続的な構築とともに人間のアイデンティティと人びとそれぞれの生活史が、かたちづくられてきたのである。

人間的空間という言葉は、サルトルによって用いられた言葉だが、サルトルは、人間の社会が歴史的であるのは、社会が歴史を記念碑として取りもどすからだ、という。サン＝ジェルマン＝デ＝プレ教会のすぐ近くの建物の上層の階にサルトルのパリの家・住居があった。このサン＝ジェルマン＝デ＝プレ界隈は、サルトルの日常的な生活圏となっていたにちがいないだろう。

パリは、大地に捧げられた花束ではないだろうか。パリの歴史は、どのように見ようと劇的な歴史なのである。一八八九年に完成したエッフェル塔によってパリの風景とイメージが定着したものとなっているが、ノートル＝ダムの石の森と鉄の文明、エッフェル塔、そしてパリの母胎、動脈、セーヌ川によって、パリの都市空間は、まことに印象的な風景的世界となっているのである。

カミュの手帖から

アルベール・カミュとともにパリを体験したいと思う（『カミュの手帖　［全］』大久保敏彦訳、新潮社。言葉・文章のあとの（　）内の数字は、ページのナンバーを示す）。

（一九三七年）八月
パリで味わった優しさと感動。猫、子供たち、人びとの屈託のなさ。灰色、空、石と水の壮大なパレード（一）（四三）
訳注（一）　カミュがパリを訪れたのはこの一九三七年八月が初めてである。従ってこの覚書がカミュのパリについての第一印象である。

パリにて。一九四〇年三月
パリのもつ鼻もちならないもの——優しさ、情緒、美しいものを好ましいものとみなし、好ましいものを美しいものと判断する忌まわしい感傷癖。この曇り空と、てかてか光る屋根と、このいつまでも降りやまぬ雨につきまとう優しさ絶望。
心を奮い立たせるもの——恐ろしい孤独。社会生活、つまり大都市の生活に対する良薬のようなものだ。それはいま手にしうる唯一の砂漠だ。ここでは肉体はもはや力を発揮しない。（中略）モンマルトルの丘の上から見下ろすと、雨の降り注ぐパリの町は、まるで怪物のような巨大な水滴に包まれ、不恰好な灰色の小山となって大地から盛り上がっているようだ。（一三七—一三八）

パリ。灰色の空に突き出た黒々とした樹木と、空と同色の鳩の群れ。草むらの中の彫像とこの憂愁に満ちた優雅さ……。

洗濯物を広げるときのような音をたてて、鳩の群れが飛び立つ。緑の草の中から、鳩の鳴き声が聞えてくる。（一三九）

パリ。朝の五時の小さなカフェ——窓ガラスの水滴——沸き立つコーヒー——市場《アール》で働く人たちと運送業者——朝方に引っ掛けるリキュール、それからボージョレ。

礼拝堂。霧——広々とした道路と街路灯。（一三九）

木曜日。リュクサンブール公園（一）で。

晴れてはいるが風の強い日曜日の朝。風は大きな泉水の周りに水しぶきを飛び散らせ、小波の立つ水面には小さなヨットが走り、周りの大きな木々の周囲を燕が飛び交っている。議論する二人の若者。「君は人間の尊厳を信じているんだね。」（二三八—二三九）

訳注（一）　パリの六区にある公園。上院がある。

パリは、感性を磨く舞台装置。

パリ、あるいは感性を磨くための舞台装置。（二五四）

私たちは、リュクサンブール公園の大きな池でヨットを浮かべて、ヨット遊びをしている子どもたちや大人たちの姿を目にしたことがある。パリで生活している人びとのある日の生活情景だった。

「生きること、それは確認することだ」。カミュの言葉だ（同書、三五六ページ）。一九三七年五月のノートには、「若い時には、誰でも、人間よりも風景に同意することが多い。／風景は自由な解釈を許すからである」というカミュの言葉が見られる（同書、三五ページ）。――「海――ぼくはそこで自分を見失ったのではなく、自分を取り戻した」。（同書、三九五ページ）

一九五三年一二月におこなわれたジャン＝クロード・ブリスヴィルのインタヴューにたいするカミュの回答を見ることにしよう（同書、四二二ページ、訳注（一）参照）。

ぼくの好きな十の言葉はなにか、という問いにたいする答え。《世界、苦悩、大地、母、人間、砂漠、名誉、貧困、夏、海。》（四二二）

異邦人であっても

『異邦人』などの作品で知られるアルベール・カミュは、一九一三年一一月七日、アルジェリアのコンスタンティーヌ県モンドヴィ近くの「サン＝ポール農場」で生をうけている（同書、六五四ページ、年譜、参照）。その生活史と生活背景、キャリアなどから見た時、異邦人という言葉は、カミュ自身において深い意味を持っているといえるだろう。

パリほどさまざまな異邦人を迎え入れてくれた人間の舞台があるだろうか。確かにパリは、人間をよみがえらせてくれた都会であり、さまざまな人びとに光明と進むべき方向をもたらしてくれたところではないかと思う。

パリの都市空間は、魅力的な生活空間、居住空間、行動空間、旅空間であり、人生を旅する人びとに、パリは、数々の道しるべを提供してくれる人類の広場なのである。

アジェのパリ、描かれた絵画のパリ、映画のパリ、シャンソンのパリ、音楽やオペラのパリ、人びとそれぞれの日常生活におけるパリ、旅の日々のパリ……また、まことにさまざまな〈えはがきのパリ〉などによって、パリは、光彩を放ちつづけている。こうしたパリは、パリの音や音風景にもある。活気にあふれたパリの音があるとともに、パリで体験される静寂や森閑とした静けさがある。パリの都市空間やパリの片隅で体験される早朝の音があり、また、夜間の音がある。

私たちは、セーヌ川を航行するバトー・ムーシュ、遊覧船やパリの運河めぐりの船に乗船して、船上からパリ風景を楽しみ、航行しながら、さまざまな音風景を体験したのである。

視点が変わり、位置や高度や角度が変わると風景体験や音体験などにおいて、さまざまな変化が生じ、思いもよらない眺めや光景、世界、音などが体験される。都市像は、ほとんど万華鏡といえるだろう。


「私は、私と私の環境である。」（『ドン・キホーテに関する思索』より）

パリは、アーバン・ランドスケープが体験される都市であり、都会である。都市空間は、都会として、風景として、姿を現している。パリは、まさにヒューマン・ランドスケープの都市なのだ。

パリの都市空間は、五感に触れるさまざまなパースペクティヴが、ナイーヴに、ダイナミックに体験される人間の生活と生存の舞台であり、自己自身と向き合ったり、対話したりすることができるトポスや道がいたるところで体験できるような人間の感性に働きかけてくる人間的世界なのである。

　パリで生活したことがある人びとやパリを旅したことがある旅びとは、オルテガがいう「私は私と私の環境である。そしてもしこの環境を救わないなら、私をも救えない。」という言葉を実感をともなって理解することができるだろう。パリは、確かに移動祝祭日（ヘミングウェイ）なのだ。高村光太郎は、「雨に打たるるカテドラル」という詩を残している。カテドラルは、石の森、ノートル＝ダムだ。人間は感覚の力によるのほか、生の強度な充実を得る道はない、という光太郎の言葉がある。

パリ体験

　一九九一年の秋、一〇月なかばに日本からヨーロッパへ、私たち家族三人は、アムステルダムに到着、オランダ、ドイツ、チェコスロバキア、オーストリア、スイス各国のさまざまな都市を旅してまわり、一一月なかばのことだったが、スイスからフランスへ、パリのセーヌ右岸のリヨン駅に到着したのである。私たちは、ただちにリヨン駅からタクシーでセーヌ川の流れに姿を見せているサン＝ルイ島のホテル・サン＝ルイに向かい、このホテルに二泊して、パリ生活のスタートを飾ったのである。なぜサン＝ルイ島のホテルを選んだのか。それは、できるだけ深くセーヌ川を体験したいと思ったからだった。バルザックが、パリのヴェネツィアと呼んだ場所、トポス、サン＝ルイ島と隣接しているパリ発祥の地、シテ島、このふたつの島から私たちのパリでの日々が始まったのである。小休止をとってから、私たちは、さっそくノートル＝ダム寺院を訪れて、石の森で明暗と音風景を体験したのである。

サン＝ルイ島の宿に二泊してから、かねてから予約していたセーヌ左岸、イタリー広場に面した滞在型のトポス、オリオンに移って、このオリオンのルームをパリのマイ・ホームとして、私たちは、一カ月にわたってパリ生活を営んだのである。いくつかのルームとバス、トイレ、キッチンつきのトポスだった。快適な生活空間だった。このイタリー広場のトポス（場所・家・部屋）でのパリの日々は、まるで夢のように楽しい、晴れがましい日々だった。私たちは、一緒になって、また、それぞれに、パリを生きたのである。このイタリー広場の私たちのトポスからエレベーターで下りていくと、そこには、スーパーがあり、隣接してデパートがあった。イタリー広場は、メトロのいくつものラインが、そこに集まっているメトロの要所だった。まことに大きな広場であり、クリスマスが近づくと、クリスマス・ツリーが、この広場に飾られたのである。

その後、私たちは、幸いなことに何度もパリを訪れているが、パリは、異邦人である私たちにとって、そこに帰ることができる喜びが体験される故郷のようなトポス、場所として、いつも私たちを迎えてくれたのである。一九九三年以降のパリにおいては、セーヌ左岸のモンパルナス界隈のメトロ、ラスパイユ近くのカンパーニュ＝プルミエール通りのホテル・イストリアが、私たちのパリの常宿となったのである。星ふたつだが、由緒あるホテルだ。

シャガールの絵のような

一九九一年一二月、暮れが近づいた頃、私たちは、パリからスタートして、スイス、イタリアと旅して、南フランスをまわり、スペインの各地を旅して、ピレネーを越えてフランスへ、ロラン・バルトゆかりのバイヨンヌを訪れて、バイヨンヌからパリにもどったのである。パリに数日、滞在して、パリに別れを告げて、私たちは、イギリスに渡ったのである。ロンドンへ。一月二六日、私たちは、霧のシェイクスピア、ストラトフォード＝アポン＝エイボンでイギリスのハートを体験することができたが、体験したことがないような濃霧だった。記念すべき一月二六日である。

パリによって、パリでの生活と旅の日々によって、私たちの感性が磨かれたことは、確かなことだと思う。五感のタピスリー、「貴婦人と一角獣」が姿を見せているセーヌ左岸のクリュニー（中世）美術館は、私たちにとっていつもパリの大切なトポス、居場所だ。社会学の生まれ故郷パリは、感性の大地、トポスと呼びたくなるような人類にとってのすばらしい花束なのである。

シャガールの絵では、恋びとたちは、花束を手にして、パリの上空を舞っている。シャガールの絵に姿を見せるセーヌ川やノートル＝ダム、エッフェル塔がある。

一二月に入ると、パリでは夜が明けるのが遅い。イタリー広場のトポス（滞在場所）での私たちのパリ生活――朝八時頃、イタリー広場は、まだ暗かった。ある日の朝、この広場近くのパン屋へ行き、棒状のフランスパンを求めて、オリオンの自宅にもどったことがある。私たちは、まさにパリ気分を体験したのだった。

オリオンの私たちのトポス、部屋の窓から下の方にパサージュの風景を眺めることができたことを思い出す。一九世紀のパサージュではなく、現代の複合的なビルのなかの通り道だが、風景と雰囲気は、パリの現代のパサージュだった。このオリオンの私たちのいくつかのルームは、パリの生活拠点、マイ・ホームだった。私たちは、朝に夕に、パリのエッセンス、パリの香気、パリの歴史的風土と風景、人間の風景、さまざまな光と音、音風景、社会学の生まれ故郷、パリ、さまざまなアートのパリを生きつづけたのである。

かけがえのないパリの日々

人びとそれぞれの個人史、自分史があるが、家族生活史がある。それは、家庭を舞台として、家庭に根ざした私たち誰もの生活史である。人生の旅びとにとって、家族生活の思い出を共有できるということは、幸福なことだと思う。誰もが個人であり、パーソナルな生成／存在だが、共同生活の舞台で、インターパーソナルな状況においてこそ、確かな手ごたえがある〈意味〉が、湧き出るのである。人間と人間とのもっとも意義深い触れ合いと真実の人間関係は、当然のことながら、家庭と家族生活においてこそ、日常的に体験されるのである。

パリの都市空間は、私たちにかけがえがない家族生活と家庭生活の実現をもたらしてくれた日常生活と人生の日々の舞台だったのである。

＊このエセーは、社会学、感性行動学、サウンドスケープ研究の研究者、山岸美穂の方法とアプローチ、生活感覚、モチーフとジャンルをふまえて、執筆されたエセーであり、共同の作品として理解してくださると、幸いである。山岸美穂には、音の社会学、音の博物誌へのアプローチと方向性が見られるが、こうした方向性をイメージしながら、これか

ら共同の活動と試みが、持続的におこなわれていくはずである。私たちの前方には、いくつもの道が、姿を見せている。

エッフェル塔について――次の文献『日常的世界の探究　風景／音風景／音楽／絵画／旅／人間／社会学』慶應義塾大学出版会、所収、エッフェル塔についてのエセー（山岸美穂、執筆）をごらんくださると、幸いと思う。エッフェル塔は、山岸美穂のモチーフのひとつである。

〈文献〉


山岸健『絵画を見るということ　私の美術手帖から』ＮＨＫブックス７８６、日本放送出版協会、一九九七年七月。

山岸健・山岸美穂『日常的世界の探究　風景／音風景／音楽／絵画／旅／人間／社会学』慶應義塾大学出版会、一九九八年五月。

山岸美穂・山岸健『音の風景とは何か　サウンドスケープの社会誌』ＮＨＫブックス８５３、日本放送出版協会、一九九九年六月。

山岸美穂『音　音楽　音風景と日常生活　社会学／感性行動学／サウンドスケープ研究』慶應義塾大学出版会、二〇〇六年四月。

山岸美穂・山岸　健『感性と人間　感覚／意味／方向　生活／行動／行為』三和書籍、二〇〇六年一〇月。

山岸健『レオナルド・ダ・ヴィンチへの誘い　美と美徳・感性・絵画科学・想像力』三和書籍、二〇〇七年三月。

山岸健・山岸美穂『日常生活と旅の社会学　人間と世界／大地と人生／意味と方向／風景と音風景／音と音楽／トポスと道』慶應義塾大学出版会、二〇〇八年九月。

第Ⅲ部　天空のしたに、大地のうえに、詩人的に人間は住む
――人間の世界体験と人間の主体性《アイデンティティ》

世界に住むということ、ハイデッガーに即して。

ハイデッガーは、人間を世界―内―存在と呼んだが、一歩ふみこんでいうならば、人間は、世界に巻きこまれており、世界と結ばれているのである。世界は、根源的には自然そのもの、人間は、自然のまっただなかに、さまざまなスタイルと方法で人間のトポス（場所、居場所、家、部屋、座席、さまざまな集落などを意味する）や道を築いてきたのである。自然と文化は、一見したところ対立しているようにも思われるが、自然と文化は、実際には、まことに微妙な状態で混じり合ったり、重なり合ったり、緊密に結ばれたりしているのである。

文化とは人間の生活と生存の方法であり、生活と生存の諸様式、スタイルなのである。社会と文化と歴史は、相互に結ばれているといえるだろう。人間がそこで生きている世界は、自然を根底とした社会的で文化的な歴史的世界であり、こうした世界は、そこで多元的現実、人間的現実が体験される時間的空間的世界なのである。

人間は、世界を体験しつづけながら、意味のなかで、意味世界で人生の日々を旅しているのである。

私たちの誰もが、人びとのなかで、人びとのかたわらで、道具や作品やさまざまな客体や対象とともに、また、風景のなかで、さまざまな風景を体験しながら、世界を構築しつづけているのである。そのような状態で現実の構成と人間のアイデンティティの形成と構築がおこなわれているのである。

人間にとっては、人間的体験、社会的体験は、いかなる時においても、いずこにおいても重要だが、風景体験がなみなみならぬ世界体験であることは、いうまでもないことだろう。人間の生活史に深く根ざしている原風景がある。

人間のアイデンティティ（存在証明、自己同一性）は、人間の意味世界におけるさまざまな世界体験によってかたちづくられているのである。こうしたアイデンティティは、トポスによっても、道によっても、さまざまな人びととの人間関係によっても、風景によっても、環境世界や生活世界によっても築き上げられてきたのである。

人間の身体と五感によって、人間は、世界に住みついているが、フランス語サンス sens に注目したいと思う。サンス—感覚・意味／方向—サンスと人間の行動、行為、人間のプラクシス（行為・実践）とポイエシス（制作・創造）は、密接につながり合っているのである。

音環境があり、音風景がある。耳の記憶がある。客観的時間、制度としての社会の時間があるが、人間のアイデンティティにおいて、また、人間の条件としてきわめて重要なのは、人間的時間、内的時間、意味づけられた時間なのである。記憶、思い出、回想、郷愁、旅愁——たえまなしに生成のプロセスにある意味と意味世界において、意味のなかで、人間は身心を支えつづけているのであり、私たちの誰もが、人生を意味づけることに、方向づけることにたずさわりつづけているのである。

「感性」を問うということ

感性こそ人間のアイデンティティと人間の条件において重要だと思う。理性が先行しているのではなく感性こそが、人間の人間性と個性において注目されるのである。人間にはどうしてもさまざまな鏡が必要だ。鏡を磨きつづけないわけにはいかない。自然も、文化も、他者も、作品も、人間にとっては、見るべき鏡といえるだろう。耳を傾けながら、感性を磨きつづけながら、さまざまな鏡と向き合い、自己自身と向き合い、できるだけ深く広々と世界を体験したいものだ。世界は、人間の母胎であり、故郷なのである。

人間とは、究極的には感性であり、意味である。人間は、身体的人格的生成／存在／生成的存在なのである。人生の旅びと、人間と人生の旅路、人生行路ほど注目に値する世界体験のドラマとエピソード、スペクタクルはないだろう。耳からスタートする世界と世界地平にも耳を傾けつづけたいと思う。

人間の五感のそれぞれが、人間にとっては命綱なのである。感覚にも、感性にも、終始、意味が浮かび漂っている。方向は、まさに意味であり、人間は、たえまなしに方向を確かめつづけているのである。トポスにおいても、道においても、方向のチェックが必要だ。人間にとって大地と風景ほどすばらしいテキスト、驚くべき鏡はないだろう。人間は、つねに支えとよりどころとなるものを必要としている人生の旅びとである。耳は頼りになる洞窟であり、大切なアンテナである。

言葉を、言葉として。――エピグラフとリリックなど

わたくしの家は崖の上に立っている。裏窓から西北の方《かた》に山王《さんのう》と氷川《ひかわ》の森が見えるので、冬の中《うち》西北の富士おろしが吹きつづくと、崖の竹薮や庭の樹《き》が物すごく騒ぎ立てる。窓の戸のみならず家屋を揺り動すこともある。季節と共に風の向も変って、春から夏になると鄰近処《となりきんじょ》の家の戸や窓があけ放されるので、東南から吹いて来る風につれ、四方に湧起るラヂオの響は、朝早くから夜も初更《しょこう》に至る頃まで、わたくしの家を包囲する。これがために鐘の声は一時《ひとしきり》全く忘れられてしまったようになるが、する中《うち》に、また突然何かの拍子にわたくしを驚すのである。

この年月《としつき》の経験で、鐘の声が最もわたくしを喜ばすのは、二、三日荒れに荒れた木枯《こがら》しが、短い冬の日のあわただしく暮れると共に、ぱったり吹きやんで、寒い夜が一層寒く、一層静になったように思われる時、つけたばかりの燈火の下《もと》に、独り夕餉《ゆうげ》の箸《はし》を取上げる途端《とたん》、コーンとはっきり最初の一撞《ひとつ》きが耳元《みみもと》にきこえてくる時である。驚いて箸を持ったまま、思わず音のする彼方《かなた》を見返ると、底びかりのする神秘な夜の空に、宵《よい》の明星《みょうじょう》のかげが、たった一ツさびし気《げ》に浮いているのが見える。枯れた樹の梢に三日月のかかっているのを見ることもある。

永井荷風

『荷風随筆集』(上)、日和下駄　他一六篇、野口富士男編、岩波文庫、二三四―二三五ページ、鐘の声。

見ることの不正確さに芸術はもとづいている。耳の場合にも、リズム、調律等々における不正確さがある。そうした不正確さにまたもや芸術はもとづいているのだ。

ヴァーグナーの天賦の才は生い茂る森であって、いかなる個々の樹木でもない。

個人は何か新しいものである。人々はいかなる行為をも誰かと共有してはいないのだ。

他の人間たちのことを知るごとに、人々はおのれの外へ出てゆくのではなくて、どんどんとおのれのうちへ入り込んでゆくのだ。

夕べどき、樅《もみ》のかおりが流れ出し、それをとおして灰色の山脈《やまなみ》に目をそそぐと、頂上では雪がほのかに光っていた。――そのようなものを私たちは、それがそれ自体であるとおりにはけっして見ないで、つねにそのうえに或る薄い魂の皮膜をかぶせる。――次いで私たちはこの皮膜を見るのだ。遺伝された諸感覚、固有の諸気分が、これら自然の諸事物を見るさいに目ざめる。私たちは何か私たち自身に属するものを見る――そのかぎりこの世界も私たちの表象である。森林、山脈、じっさいこれは概念であるのみならず、私たちの経験や歴史であり、私たちの一部分なのだ。

「掛時計がいっそうはっきりと聞きとれるように時を刻み、遠くの塔の鐘がいっそう深く鳴り響く夏の午後の静けさのうちで。」

私たちの思索は夏の夕べの穀物畑のように強い芳香を放つべきだ。

百の深い孤独がいっしょになってヴェネツィアという都市の姿をつくっている――これがこの都市の魅力だ。未来の人間たちにふさわしい一つの姿。

ニーチェ

『ニーチェ全集 別巻3 生成の無垢 上』原佑・吉沢伝三郎訳、ちくま学芸文庫、一三二ページ、119、一九四ページ、215、四七四ページ、841、四七四ページ、845、五三五ページ、1012、五三六ページ、1015、五四ページ、1033、五四四ページ、1046。

各人は、生れて来ることによって、世界を創造し直すのである。何となれば、各人が世界なのだから。しかし、そのほかに無数の、別の歴史的世界がある。

リルケ

リルケ『フィレンツェだより』森有正訳、ちくま文庫、三七ページ。

風景——その意味の深みに

ジャン＝ジャック・ルソー (Jean Jaques Rousseau, 1712-78) は、大地を人類の島と呼ぶ。大地は、人間にとって故郷であり、母胎である。大地は、なかば家にも等しいといえるだろう。だが、大地といってもまことにさまざまな姿を見せており、近づきがたい大地もある。また、次々にさまざまなトポス（家や集落などを意味するギリシア語だ）や道が姿を現す大地がある。大地を彩る陸水がある。陸水とは、河川、湖、沼や池などの水を意味する。そして海、海水。島のような状態で大地を彩っている森がある。林がある。大地の地形と起伏がある。さまざまな野がある。山や谷や丘がある。地理がある。風土や歴史的風土がある。

大地は、風景、風景的世界として、さまざまな姿を見せている。風景とは大地の眺め、光景だが、音の風景、音風景がある。さまざまな風景ほど人間の感性に微妙な状態で触れてくるものは、ないだろう。それが何であろうと人間は、さまざまな対象や客体、自己自身ではないところのものとの触れ合いにおいて自己を支えているのであり、そのような触れ合いによって自己を世界につなぎとめているのである。支えとなるもの、よりどころとなるものが、人生を旅する人間には必要とされてきたのである。暗闇の大地もあるが、光と陰影の大地はなかば日時計の文字盤だ。

日常生活の舞台と場面においては、人間にとっては何よりも人間の現前と人間との触れ合いが重要であることはいうまでもないが、大地のさまざまなトポス（場所・居場所・家・部屋……）や道が、また、風景が、人間にとっては少なからぬ影響力を有することを認めないわけにはいかないだろう。トポスも道も、風景も、大地の片隅も、人びとがそこで生きてきた世界の大切な一部となってきたのである。ひとたび人間の世界体験の領域に入ってきたものは、決して軽んじられてはならないというべきだろう。

土地や地方が変わると吹く風が変わり、光が変わる。風景が変わり、人びとの暮らしが変わる。ローカル・カラーが体験さる。旅びとは、旅先でさまざまなローカル・カラーや異なる気候風土、さまざまな風俗などを体験するのである。文化とは、大地に根ざした人びとの暮らし方であり、日常生活の方法とスタイルを意味する。人間の生活と生存の鏡、それが文化なのである。人間は、社会的文化的世界で、歴史的社会的世界で人生の日々を旅しているが、人間の生活と生存は、意味のなかで、意味の深みにおいて、おこなわれているのである。人間の生成と存在の基盤、根底となっているのは、意味なのだ。意味とは、それによって人間が支えられているところのもの、それによって人間が方向づけられているところのもの、それによって世界がイメージされたり、方向づけられたりしているところのものをさす。

フランス語サンス（sens）、この言葉には、感覚という意味、意味という意味があるが（第一群の意味）、方向という意味がある（第二群の意味）。方向という意味は、感覚という意味、意味という意味によって裏づけられているのである。

風見鶏の動き、吹き流しの姿、雲の動きゆく方向、水の流れと動きがある。水の流れほどはっきりと方向と方向性が体験される風景は、ないだろう。風向という言葉がある。風が吹いてくる方向、風の向きは、人びとにとって気がかりな方向、向きだった。日本列島には屋敷林と呼ばれる林と風景が見られる。また、地方によっては、海辺や海岸、砂丘などに防風林が見られるところがある。ギリシア語、トポス（場所、位置、ところ……）の複数形には、地方という意味がある。さまざまなところ、場所、それが地方とよばれるのである。河川の流域が地方と呼ばれる場合がある。一筋の水の流れに沿って姿を見せるさまざまなトポスや地方は、水の流れ、まさに方向、矢印によって意味づけられているのである。水の流れと水が流れゆく方向によって、さまざまな村や町、都市、さまざまなトポスや地方が、束ねられている（方向づけられている、意味づけられている）のである。

記憶とは、過去が覚醒し現在に喰い込むこと

人間は、ひとつの言葉、特別な人物、人間、最愛の人、ある品物、ある作品、その記念品、特定の草花、唯一の風景、唯一のトポス〈場所〉や道などにさまざまな思いを抱きながら、さまざまな思いを寄せながら、生きてきたのである。そのような状態で生きているのである。他者、特定の人間、作品、品々、自然、風景、トポス〈場所〉、道、特定の対象、旅の日々と思い出、さまざまな記憶と思

い出……これらのいずれもが、人間にとって支えとよりどころ、人間の条件、人間のアイデンティティそのものとなってきたのである。

私たちの誰もが、オルテガ・イ・ガセーとともに「私は私と私の環境である」といわないわけにはいかないのである。オルテガがいう環境とは、身のまわりに見出されるもの、風景をさす。

過去、記憶のさまざまな道しるべ、記憶の絵本、さまざまなレター、便りや写真やアルバム、回想、思い出、追憶、郷愁、旅愁、旅情――これらのすべてが人間にとっては、きわめて人間的なものであり、人間的時間そのもの、生き生きとした内的時間なのである。記憶とは目覚めた状態にある過去であり、人びとそれぞれの生活史、人びとそれぞれの内的時間、人間的時間こそ、また、私たち自身の体験された（生きられた）世界体験こそ、意味の源泉であり、意味そのものなのである。さまざまな世界体験を秩序づけること、方向づけること、意味づけることは、人びとそれぞれによって、ほとんどたえまなしにおこなわれているのである。私たちの誰もが、たえまなしに進むべき道筋と方向、進路を確かめつづけているのである。道に従うことを方法として理解した人物がいる。デカルトだ。

デカルト――「われ思う、ゆえにわれあり」――cogito,ergo sum デカルトが疑いに疑いをかけていって、ついに到達したこの言葉ほど哲学と思想、科学と諸分野において有力な道しるべとなった言葉は、ないだろう。

糸杉の緑陰のかたわらにて

ここで私たちは、古代ギリシャのデルポイ、デルポイのアポロンの神殿の銘、〝汝自身を知れ〟という銘文、名高い言葉にも注目したいと思う。このわれへの帰還、われについての反省と自覚は、〝汝自身を知れ〟という言葉に早くも見出されるのである。プラトンは、「汝自身を見よ」という言葉を残している。人間へのアプローチは、このデルポイの言葉にも、ソクラテスにも、明確に見られたのである。プラトンにおいては、新たな方向、社会的な方向が見られたことにカッシーラーが注目している。こうした方向が、やがて社会学の創始者、命名者であるオーギュスト・コントへと発展していったのである。

一九九七年三月二〇日、数日前から私たち家族三人は、アテネに滞在して、アクロポリスや名だたるトポスやミュージアムなどを訪れて古代ギリシアを現代のギリシアと合わせて体験していたが、この日、私たちは、アテネの市外バスのターミナルから路線バスでデルポイを訪れて、山地と斜面、傾斜地のデルポイで岩肌や岩山、糸杉、地面の小さな黄色い花などとともに古代ギリシアの名高い遺跡の地、デルポイで、アポロンの神殿の遺跡や円形劇場、また、デルポイの別の遺跡などを目のあたりにすることができ、五感で神託のデルポイをデルポイの光と風とともに体験することができた。日帰りの旅だったが、この日の記憶も思い出も鮮明だ。

　アポロンの神殿の遺跡でいくつかの石柱、列柱の一部を見上げていたその時、透明度の高い青空に白雲が流れるように姿を見せていた。春の陽射しを浴びながら、私たちはデルポイの青空と雲と風を、デルポイの大気を心ゆくまで体験したのである。岩肌と岩壁、岩山において、アポロンの神殿の石柱と台座などにおいて、円形劇場において、デルポイの石が体験されたのである。石、また、石だったが、糸杉の緑とその形が目に浮かぶ。直立していた糸杉によって、大地の片隅の小さな黄色い花によっても、石の建築と造形、石のトポスによっても、デルポイの大地、トポス、デルポイは、意味づけられていたのである。アテネからデルポイに向かう時、バスは、平地から山地に入っていった。乗り降りする乗客の姿に私たちは、土地の人びとの日常生活をかいま見ることができ、人びととのわずかながらの触れ合いを体験することができた。路線バスの魅力がある。路線バスは、大地に開放されている、それぞれのトポスと道、その土地に根ざしたバスなのである。

アテネ、アクロポリスは、アテネのランドマークのなかの決定的なランドマークであり、アテネのハートにあたるトポスだ。私たちは、何度かアクロポリスを訪れたが、この高い場所（トポス）、アクロポリスへの道をたどった、その時の道の記憶が、いま、なお鮮明だ。

アクロポリスからかなたを遠望するとエーゲ海が見えた。アクロポリスからの視界、視野、パースペクティヴ（遠近、眺望、視野）は、すばらしかった。パルテノンの神殿、この名だたる石の建造物、石の建築文化は、アテネの市街地とともに、エーゲ海とともに、アテネで生活している現代の民衆とともに、多くの観光客とともにあった。

石の文化がある。木の文化、紙の文化、竹の文化がある。石の自然、自然のままの石、自然石がある。自然のままの石——運ばれてきて、異なるトポス（場所、ところ、位置）に置かれると、飾られると、位置づけられると、人間の手と力が加えられると、そのような石は、たちまち文化としての石、文化となった石となってしまう。石が変質してしまうわけではないが、変貌した石、新たな意味を帯びた石、姿が変わってしまった石が、姿を現すのである。場面と舞台、文脈、磁場、意味世界に注目しないわけにはいかないのである。

デカルト「存在《あり》の問い」

炉部屋のデカルト、旅先でのデカルト、アムステルダムでのデカルト、さまざまなデカルト像がある。アムステルダムで生活していたデカルトは、街なかで都会の光景や人びとの動きなどを体験しながらも、自分のトポス（家や部屋、座席）で一人静かに世間にわずらわされずに思索にふけることができたのである。

「われ思う、ゆえにわれあり」――デカルトは、いったんは世界、場所、身体という言葉を用いたものの、結局、こうした言葉をほとんどカッコ（　）に入れてしまった。デカルトは、精神に信頼を託したのである。このようなデカルトのスタイルを目にしたオルテガ・イ・ガセーは、デカルト以降、西洋の人びとは、世界なしに取り残されてしまった、という。

〝汝自身を知れ〟――人間にまなざしが注がれる。人間の方へ、である。人間の命には限りがあるのだ。このことを心得ておくように。この銘文をこのように理解する見方がある。

この銘文と向き合ったゲーテは、明確に態度を表明している。ゲーテが向かう方向は、世界の方へ、という方向だ。人間は、世界において、人びとのなかで、自己自身と向き合うことができるのであり、そのようにして、自己自身を世界のなかで、世界とともに理解することができるのだ。このような方向と方向性が、ゲーテにおいて見出されるのである。

人生の旅びとである私たちは、日々の生活のなかで、人間としての生存をめざしながら、人間であることを自覚して、人間と、自己自身と向き合いながら、また、世界と向き合いながら、一人の生活者として、意味の深みで人間的に生存しなければならないのである。人間は、世界に生まれる。世界は、人間の生活と生存の舞台と場面なのだ。人間は、いつもプラクシス（行為・実践）とポイエシス（制作・創造）の主体、世界体験の主体、行動する行為者として、世界に身心を委ねつづけているのである。世界は、生死の舞台なのである。人間は、世界に巻きこまれた状態で世界を生きつづけているのだ。主体とはいうものの、本当のところは、対象や客体や世界あっての、支えとなるものがあっての、主体であり、客体的主体なのだ。人間存在と人びとは、いう。だが、人間は、真実のところ、まさに生成そのもの、生成的存在、生成／存在なのである。

世界は、人間の身体と感覚、感性と理性において、五感において、足の裏において、さまざまな野としてイメージされるし、さまざまな野として体験されるのである。

視覚、聴覚、嗅覚、味覚、触覚……目や耳などばかりではなく足の裏にも注目したい。さまざまな感覚は、触れることに帰着するといえるだろう。触れるとは、触れられること―触れることは、人間においては根源的体験なのである。風が肌に、身体に触れる。光に触れる。手で水や石に触れる。さまざまな音が耳に触れる。水を得て石はよみがえる。水でぬれて石は、美しい。石のつやや肌が変わる。雨音がある。雨と石、雨と屋根……さまざまな音は、あるものとあるものとが触れ合う音だともいえるだろう。さまざまな音が耳に触れる。誰もが耳の証人になれるといえるだろうが、特別に耳の証人と呼ばれるような人びとがいる。

人間は、全身で、あらゆる感覚を働かせながら、世界を体験しながら、意味のなかで、生きているのである。足の裏で体験される大地やトポス〈場所〉や道がある。手の誘惑があるのではないだろうか。流れていく水に手を入れる。流れの石を手にする。大地に触れる。樹木の幹に触れる。石に触れる。人間の手と手との触れ合い。なんとさまざまなものが、手に触れることだろう。人間の手に世界が委ねられているのではないかとさえ思われる。目・眼の優先がイメージされるようにも感じられるが、五感の、感官のそれぞれが、同格だといえるだろう。耳は休息することを知らない。目の恩恵があるが、耳の恩恵も計りしれない。耳を澄ましながら世界を体験した時にクローズアップされてくる世界の表情と風景、様相、姿があるのである。目・眼の力があり、耳の力がある。感覚のそれぞれ、感官、人間の感性のいずれもが、人間の力なのである。

その場所に、その道に。——感性と行動の舞台と地平

デカルトがカッコ（　）に入れてしまった世界、場所、身体に注目したいと思う。世界―ここでは世界を人間の生活と生存の舞台と領野、さまざまな野、さまざまなトポスと道によって意味づけられた（方向づけられた）感性と行動の舞台と地平と呼びたいと思う。視野、聴覚の野、嗅覚の野、味覚の野、触覚の野などさまざまな野がある。ギリシア語トポス τόπος ——この言葉には、場所、位置、ところ、居場所、家、部屋、座席、チャンス、余地、職業、墓、墓地、村や町、都市などの集落など、さまざまな意味がある。世界という言葉は、古代ギリシアのヘラクレイトスに始まる言葉だが、彼は、世界をいつまでも燃えつづけている火として理解したのである。

人間は、トポスにおいて、道において人間なのであり、さまざまなトポスや道には、さまざまな人

びとが姿を見せる。人間とは、まさに人間と人間であり、人間関係そのものなのである。リレーションシップ、メンバーシップ、フレンドシップ、キンシップ、さらにさまざまなシップ—舟と船、シップに注目しないわけにはいかない。シップも橋もイメージとしては、人間そのものといえるだろう。橋とは分離と結合、連結、結び目、出会い、めぐり会いなのである。人間や人びとの生活がイメージされるような風景がある。風景や風景体験という時には、フランス語サンスに注目したいと思う。サンス（sens）感覚—意味—方向、人間は行動する行為者だが、人間は、自己自身の身体によって、自己自身の感官と感覚、サンスによって世界に住みついており、世界と結びついているのである。あらゆる意味で人間は身体によって、サンスによって方向づけられている（意味づけられている）のである。感官と感覚は、人間にとって生命線なのだ。もちろん理性という言葉が感性という言葉とともにクローズアップされてくるが、理性が前面に姿を見せてきて、感性が後退してしまうことはない。感性、感覚、感官は、つねにフロントなのだ。

経験と感覚、観察力の人に添って

レオナルド・ダ・ヴィンチ（Leonardo da Vinci, 1452-1519）のつぎのような言葉がある。（『レオナルド・ダ・ヴィンチの手記』（上）、杉浦明平訳、岩波文庫。ここでは、言葉のあとに邦訳のページのナンバーを入れる）

感覚を通過しない精神的事物は空疎であって、害のほかに何らの真理も生まれないであろう。（六四ページ、人

生論）

観念または創造力は諸感覚の舵柄であり手綱である。想像力にふれた物が感覚を動かすのであるから。（六七ページ、人生論）

われわれのあらゆる認識は感覚にはじまる。（六八ページ、人生論）

感性は地上のものである。理性は観照するとき感性のそとに立つ。（七〇ページ、人生論）

遠近法は「絵画」の手綱であり舵である。（二二四ページ、「絵の本」から）

レオナルドは、自己自身を「経験の弟子」と呼ぶ。彼は、経験と感覚の人であり、ゆたかな想像力の持ち主だ。そして観察と観察力の人である。レオナルドは、画家であり、科学者、技師、文筆家、思想家、哲学者である。音楽とも縁がある。レオナルドのためには、制作、製作、表現、創造、プラクシス、ポイエシス、観察、想像力、こうした言葉が用意されなければならない。汚れやしみがついた壁を前にして、さまざまな姿と形をイメージしたり、鐘の音の響きのようなものをそこで体験する人、彼こそレオナルドである。暗々とした洞窟の前にたたずみ、好奇心を燃やす人、レオナルドは、そのような人だ。さまざまな風景や自然、岩石、建築、建造物、人物などが、レオナルドの前に姿を現す。「モナ・リザ」の背景には山岳風景や道や橋が描かれている。その表情とまなざし、描かれた顔や手や着衣で名高い人物画、「モナ・リザ」は、注目に値する風景画でもある。岩石や大地、地層に注がれたレオナルドのまなざしと感覚、感性がある。パリのルーヴル美術館とロンドンのナショナル・ギャラリーには、「岩窟の聖母」と題された絵画作品が所蔵され、展観されている。

遠近法とともに向きと距離、距離感、方向づけられた（意味づけられた）空間、風景、光景がクローズアップされてくる。絵画においても、建築においても、部屋においても、窓においても、向きと方向、方向性は、決定的に重要だ。トポス〈場所〉においても、庭においても、同様である。

人物の場合、姿勢、顔の向き、まなざしの向き、方向性は、決定的に重要だ。ヨーロッパのルネサンスの人物画には、横向きの絵が少なくない。向きによって姿と表情、印象が変わってしまう。レオナルドには、感性と想像力、観察力の類稀なコンビネーションが見られたが、彼には建築的な感覚と構想力が見られたことにも注目したいと思う。レオナルドを出発点として、レオナルドに特別な注意をはらった人物がいる。ポール・ヴァレリーだ。

風景から地図へ——レオナルドの眼差し

風景と地図、このいずれにもレオナルドのまなざしが注がれている。ここからそこへ、かなたへ、人間の目と遠近が、距離感が体験されるシーンだ。地図において明確にクローズアップされてくるのは、高度と眼下、地域と地方、トポスと道であり、方向だ。特に東西南北の方位と方向、めざす地点〈トポス〉とルート、コース、道においての方向と方向性が注目される。地図は、まさにサンス、感覚—意味—方向の宝庫なのである。いうまでもなく地図は、鳥の目だ。レオナルドは、飛んでいる鳥を観察した人であり。高度のとり方、大地へのアプローチにおいて独特の感覚を身につけていた。風景から地図への道が、経験の弟子、レオナルドには見られる。絵画と科学、観察と描写と表現、プラクシスとポイエシスすなわち行為と創造―こうしたさまざまなレオナルドの営みと試みが、レオナルドの地図に結晶していることに注目したいと思う。ギリシア語トポスの複数形には地方という意味があるが、レオナルドのまなざしは、大地の片隅や局部、特定のトポス〈場所〉に注がれていたばかりか、地方や広域な大地にも注がれていたのである。レオナルド自身には、空中を飛翔する目とまなざしが、そなわっていたのである。レオナルドには、イーモラの市街地図やトスカーナ地方の地図などがある。絵画のレオナルド、地図のレオナルド、技師、レオナルド、人生と人間を語るレオナルド――このようなレオナルドの姿を多面的に理解したいと思う。

天空を巡りながら、星の王子は何を考え、何を感じたか。

サンス（sens）というフランス語に注目した三人の人物を紹介したいと思う。サン＝テグジュペリ、メルロ＝ポンティ、そして西田幾多郎である。

空の人、飛行士でもあったサン＝テグジュペリにおいては、目的地と空港、コース、距離、方向は、彼の飛行体験において日常的に重要だったが、フランス語sensは、彼のプラクシス（行為・実践）においても、ポイエシス（制作・創造）においてもサン＝テグジュペリを動機づけていた、方向づけていた言葉なのである。生活とは地味だが、すばらしいものだ。サン＝テックス（愛称）の言葉だ。

サン＝テグジュペリは、科学における概念を方向と呼ぶ。方向は、実践的な行為であり、方向とは、風景に意味を導き入れることなのだ。徹底的に方向というシーンだ。空の人であるサン＝テグジュペリは、大地の人でもある。彼のまなざしは、空に、空中に、雲に、天候状態に、目的地に向かう方向に注がれていたが、徹底して大地に、トポスと道に、大地を舞台として生活している人びとと人間の生活に注がれてもいたのである。住むこと、定住すること、トポスを築くこと、こうしたことは、彼のモチーフだ。人間を住まう者と呼ぶサン＝テグジュペリに注目したい。

人間がたどる方向こそ意味を持つ、とサン＝テグジュペリは、いう。〝人生に意味を〟サン＝テグジュペリの言葉だが、フランス語サンス（sens）が姿を見せているシーンだ。

時間と生の意味《サンス》

モーリス・メルロ＝ポンティは、身体を意味的な核、世界への投錨などと呼んだ人である。向き、方向、方向性は、彼のさまざまなモチーフとアプローチにおいて、重要な着眼点となっている。アプローチが変わると、人間の顔は、異様な眺めとなってしまう。

『知覚の現象学』、その第三部　対自存在と世界内存在のⅡのタイトルは、時間性だが、このⅡのエピグラフとして、メルロ＝ポンティは、クローデルの言葉とハイデッガーの言葉を掲げている（メルロ＝ポンティ『知覚の現象学』2、竹内芳郎・木田元・宮本忠雄訳、みすず書房、三〇五ページ）。

> 時間こそ生の意味《サンス》である（意味《サンス》——水の流れの向き《サンス》、文章の意味《サンス》、布地の織目《サンス》、匂いの感覚《サンス》という言い方にあらわれてくるような）
>
> クローデル『詩法』

Der Sinn des Dasein ist die Zeitlickkeit.〈現存在の意味は時間性である。〉

ハイデッガー『存在と時間』三五一ページ

西田幾多郎の風景

北陸、石川県の宇ノ気に生まれた西田幾多郎にとっては、幼少時、日本海に臨む松林のなかは、遊び場だった。後年、フランス哲学について考察した時、西田は、モンテーニュ〈彼は、モンテーン、という〉に注目して、体系的とはいいがたいモンテーニュの思索とアプローチに共感を覚えている。フランス語、サンス〈西田は、サン、という〉には、英語、センスやドイツ語、ジンとはどこか異なる独特のニュアンス、いわば内感的なものが感じられる、と西田は述べている。モンテーニュとともに日常的世界がクローズアップされるのだが、西田は、こうした日常的世界を哲学のアルファ、オメガと呼んでいる。

デカルトを視野に入れながら、西田は、「われ行為する、ゆえにわれあり」という。西田には、「われ歩く、ゆえにわれあり」という言葉がある。京都、東山の山麓には、疎水からの水が、南禅寺方面から銀閣寺方向に向かって静かに流れている一筋の水の道、流れがある。流れに沿って哲学の道がある。中間の地点よりやや銀閣寺よりに、小さな橋のそばに、西田幾多郎の歌碑、記念の石が姿を見せている。

さまざまな記念碑、歌碑、句碑などがある。石の恒久性、持続性、耐久性は、石の記念碑性と結ばれているのである。

日本の文化――さまざまな寺院建築がある。三重塔、五重塔、十三重塔などさまざまな塔がある。奈良の般若寺《はんにゃじ》には、十三重塔の石塔がある。石仏と呼ばれる仏像がある。石庭があり、さまざまな石組、さまざまな石の配置、庭の石が見られる。

鹿《しし》おどし、手水鉢《ちょうずばち》（蹲《つくばい》）がある。鹿おどしにおいては、水と竹と石である。鹿おどしの音と音風景は、日本の庭園と庭園文化をイメージしたり、理解したりする時に重要だ。音の宇宙と呼ばれるようなトポスや庭がある。京都の詩仙堂の庭の片隅には、鹿おどしが仕掛けられている。詩仙堂の建物のなかで、部屋から庭を眺めていると、ゆるやかにリズムを打って、思い出したように鹿おどしの音が耳に触れる。開放的な部屋で静寂が体験されるが、鹿おどしの音響、音によって演出された庭園文化が、日本の音が、体験されるのである。鹿おどしは、まさに水と竹なのだが、底辺にひっそりと姿を見せている石に注目したい。鹿おどしは、竹の文化であり、まちがいなく石の文化なのである。音によって意味づけられた風景があるのである。人間のさまざまな世界体験のなかで、音の体験や匂いの体験、音の記憶や匂いの記憶などは、重要な世界体験なのである。メーテルリンクは、匂いを空気の飾りと呼ぶ。

フランシス・ベーコンには、興味深い庭園へのアプローチが見られるが（ベーコンのエッセー、参照）、彼は、花の香りと匂いについても言及している。匂いや香り、音―風とともに私たちのもとに運ばれてくる世界の出来事がある。

哲学の道は、春ともなると桜の道となる。京都の円山公園で大きな枝垂桜を観賞した春、私たちは、この桜の道を散策して、京の春を満喫したことがある。そして哲学者の道といえば、ハイデルベルクだ。ネッカー川が眼下に見える哲学者の道を家族三人で逍遥したことがある。川の向こうにはハイデルベルクの旧市街（アルトシュタット）が見えた。旧市街のやや上流方向、丘の上に、山腹に、名高い古城が、みごとなランドマークとなって姿を現していた。旧市街の方向に塔をいただいたネッカー川に架かる橋、古い橋、城と橋と旧市街地のハーモニー――まことに絵画的な風景が、哲学者の道において体験されたのである。ハイデルベルクの哲学者の道は、なかば展望台だった。京都の哲学の道は、東山の山麓になかば隠れるような状態で姿を見せているプロムナードだが、この道は、私たちに立ち止まることを教えてくれる道といえるだろう。

京都の西田幾多郎の家、その書斎の片隅、彼の机や椅子との位置関係からいうならば、ほぼ正面といえるようなところ（トポス〈場所〉）に、壁にレオナルド・ダ・ヴィンチの絵画「洗礼者ヨハネ」が飾られていた。ほかにもミケランジェロやレンブラントなどの作品が、西田の身辺に姿を見せていた。なかでも西田は、このレオナルドの絵を愛好していたといわれている。西田は、若き日に、ライフ life の研究者の道を歩むことを決意する。ライフは、終生、哲学者、西田の中心的なモチーフとなっていたが、彼のまなざしは、人間と世界、それらのいずれにも注がれていたのである。西田には、「感ずる理性」という言葉がある。

ライフ、生活、生存、人間、人生、生命、命あるもの、生物、個体。生、死がイメージされる言葉だ。平凡な日常生活 trivial round of daily life という表現で日常生活を片づけてしまうことはできない。数々のドラマとエピソード、人間の生成と存在の深淵、意味の根底ともいえるものが、日常生活にはうごめいているのである。西田は、人間にとっての真の環境を世界として理解している。働く人は、大地の片隅から世界を見る。西田が残してくれた言葉のなかで特に注目したい表現だ。西田は、日々、レオナルドとどのような対話を交わしていたのだろうか。

取り巻く世界について

動物、鉱物、植物、人間、人間によってかたちづくられたもの、人間的形象というならば、世界、まさに生活世界（フッサール）がクローズアップされてくる。Lebenswelt である。

環境世界（ユクスキュル）という言葉とともにさまざまな生物が、生物個体が、人間も姿を見せる。ふたつの言葉 Umwelt　Umgebung のいずれにも注目したい。人間にとっての環境世界 Umwelt が、Umgebung なのである。もちろん Umwelt を人間の環境世界として理解することができる。ユクスキュルの環境世界論をふまえて、シンボリック・リアリティという視点から人間の環境世界と人間へのアプローチを試みた人物がいる。カッシーラーだ。

すべてこの世界が舞台

さまざまなトライアングルがイメージされるし、描かれる。

かつて社会―文化―パーソナリティという表現がかなり用いられた時代があった。G・H・ミードにおいては、精神―自我―社会（mind,self,and society）である。

デカルトにおいては、世界―場所―身体というトライアングルが描かれるものの、トライアングルの中心に姿を見せた精神が突出してクローズアップされてしまい、世界―場所―身体は、はるかに後退してしまう。

フランス語サンス―感覚―意味―方向というトライアングルが鮮明だ。

オクタビオ・パスは、リズムは、意味であり、方向だ、という。

シェイクスピアに見られる言葉がある（『ハムレット』）。――to do,to perform,to act ドラマとは、人間の行為にかかわる一切を意味する。シェイクスピア――「すべてこの世界は舞台。誰もがプレーヤーなのだ」。（『お気に召すまま』）――「誰もが一役演じるのだ」。（『ヴェニスの商人』）。配役、ドラマの登場人物を次のようにいう。――dramatis personae 仮面、ペルソナ persona この言葉には言葉と行為が、身ぶりと手ぶり、演技が、人格が、衣装が、舞台が、浮かび漂っている。舞台背景があり、舞台風景がある。劇場の舞台と日常生活の舞台を重ね合わせてみたくなる場合がある。

人間の条件―パスカルは、不安と苦悩と定めなさを人間の条件と呼ぶ。ハンナ・アレントにおいては、人間が条件づけられていることが人間の条件なのであり、活動的生活 vita activa という表現を用いながら、人間へのアプローチが試みられている。彼女は、労働―仕事―活動というトライアングルを描く。労働とは生命を維持するための活動であり、作品の制作と創造、アートにかかわる人間の営みが仕事なのだ。人びとが相互に協力しながら展開する組織的活動、統治や政治などにかかわる人びとの営みと行為が、活動として理解されたのである。

文化の領域にかかわるところだが、意味―価値―規範というトライアングルがある。文化という言葉は、大地や土地を耕すことに由来する言葉だが、一九世紀の中頃までのイギリスでは、心を耕すこと、いわば教養という意味で文化という言葉が用いられたのである。一九世紀の後半においてタイラーの登場によって（『未開文化』一八七一年）、人びとの暮らしの舞台と場面に位置づけられた状態で文化という言葉が用いられるようになったのである。

そして今日では、生活の諸様式、道具×シンボル、知識のシステム、意味・価値・規範、解釈図式、意味の網の目などというように文化を理解する場合がある。人間がタッチしたもの、関与したもの、イメージしたもの、人間のプラクシス（行為・実践）とポイエシス（制作・創造）にかかわる一切のものには意味が附与されている、意味が附着しているということができるだろうが、人間の生成と存在、人間の生存、人びとがそこで生きている世界は、意味と不可分なのである。マックス・ウェーバーは、意味と方向に着眼しながら、行為、社会的行為へのアプローチを試みている。マックス・ウェーバーには、ゲーテの影が落ちている。

我らの感性と想像力に

初めにいったい何があったのか。ゲーテの『ファウスト』――ファウストが直面した問いである。初めに言葉があったのか、意味があったのか、力があったのか、ファウストは思い悩む。そうしてついに解答を見出す。――初めに行為があった。ゲーテは、行為の生産性に注目している。

人間の豊かさとアイデンティティは、感性と想像力においても、行動と行為においても、さまざまな力においても、意味においても、サインとシンボルにおいても、イマージュにおいても、文化と文明においても、理解されるのである。

次にゲーテのふたつのシーンを見ることにしよう。ひとつは、シェイクスピアについて。もうひとつは、イェーナの天文台での庭のシーン、ゲーテとシラーの交友がイメージされるシーンだ。エッカーマンの筆によるゲーテである（エッカーマン『ゲーテとの対話』（下）、山下肇訳、岩波文庫、一四〇ページ、一八二七年四月一八日　水曜日、一八一ページ、一八二七年一〇月八日　月曜日イェーナにて）。

「およそシェークスピアは、作品を書いているときに、それが活字になって他人に見られ、検討され、相互に比較され、評価されるなどとは考えてみたこともなかった。むしろ、彼は、書きながら舞台を目に浮べていた。彼は自分の作品を、動いていくもの、生きているものとして見ており、それは舞台の上から客席の目と耳をすばやく流れていき、繋ぎとめることもあら探しをすることもできないようなものだ。そして、重要な点は、つねにそのときどきの瞬間に効果があがり、意味がありさえすればよかったということなのだ。」

ゲーテとエッカーマンとのやりとり、語らいのシーンだが、ゲーテは、エッカーマンにルーベンスの風景画を見せながら、ルーベンスの絵画表現の資質の高さを称揚し、ルーベンスに見られる二重の光の効果と芸術に見られるそれ自身の法則性と芸術家の精神の結実について語ってから、シェイクスピアの作品に話題を転じていったのである。

それから、私たちは庭へ降りた。ゲーテは四阿《あずまや》の中の石の机にささやかな朝食を用意させていた。「君は、おそらく、」と彼はいった、「ここが実際どういう由緒ある場所かをごぞんじあるまい。ここには、シーラーが住んでいたのだよ。この四阿の中で、この今にもこわれそうなベンチの上に、この昔ながらの石の机にむかって、私たちはよく腰をおろしていた。そして、あれこれと、有益で偉大な言葉を取りかわしたものさ。あのころ、彼はまだ三〇歳台だった。私も四〇歳台で、二人ともまだ働き盛りだったな。大事な時期になっていたのだ。だが、もうなにもかも過去のことだよ。私は、もはや昔の私じゃない。しかし、地球は昔ながらに変らない。空気も水も大地も相変らずそのままだ。

「後で、いちどシュレーンと一緒に上へ行って、シラーが住んでいた屋根裏部屋を見せてもらいたまえ。」

屋根裏部屋の窓から

ここにその名が見えるシュレーン博士は、天文学者でイェーナ大学教授、天文台長を務めていた人物である。エッカーマンは、シラーの屋根裏部屋の窓からみごとな眺望を体験したのである。——「真南を向いていた。それで、はるか数時間もかかる遠方を、美しい河が、林や曲折のために見えかくれしながら流れてくるのが眺められた。広々とした地平線も見られた。遊星の運行は、ここから見事に把えられるのだ。この土地は、『ヴァレンシュタイン』の中にある天文学や占星術に関する詩をつくるには、はなはだ好都合だったと言わざるをえない」(同書、一八二ページ)。シラーの屋根裏部屋の窓からの眺望と風景についてエッカーマンが筆を執っているシーンだが、広々とした地平線、見え隠れしながら流れてくる河、気が遠くなるほどすばらしい風景が体験されたのである。さまざまな方向と方向性、サンス sens が体験されるシーンだ。窓とは視点であり、パースペクティヴ（遠近・眺望・視野）そのもの、サンス、感覚―意味―方向そのもの、窓からの風景体験は、感性と行動とがひとつに結ばれた決定的な風景体験なのである。見るということは、方向と方向性を選択するということであり、距離を体験しながら、自己自身を視野に、対象に住まわしめるということだ。部屋のなかにいる時には、窓は、いつも方向であり、方向性だ。窓は、額縁となる。枠づけられること、方向づけられること、意味づけられることは、ひとつに結ばれているのである。見るということは、切り取る、縁取る、選び出す、クローズアップさせるということだ。

窓は視点にすぎないわけではない。音や匂いが窓辺で体験されることがある。窓は、古くから家の目といわれてきたが、窓を家の耳と呼ぶこともできるだろう。都会のざわめきが窓辺で体験されることがある。窓は、聴覚や嗅覚の野に向かっても開かれているのである。

沸騰する沈黙――「目を閉じて」と「閉じた眼」

画家、ルドンに「目を閉じて」と題された絵がある。顔面が傾き加減の女性と花々が描かれている。色彩的な画面であり、美しい絵だ。目を閉じて、誰もが体験する状態だが、絵画は、見ることの祝祭であり、視覚が、光や色や形、コンポジション、絵の肌、いわばマチエールなどが、絵画においてはクローズアップされてくる。目を閉じることは、まちがいなくカオス、真暗闇、黒い穴の現出、始まりである。手の施しようがない。光が奪われてしまうということは、人間にとって決定的な打撃だ。だが、人間、誰もが、時には目を閉じる。眠りにつくということは、日常的なことだが、驚くべきことだ。そして眠りにおいて夢を見ることがある。夢も世界体験の一様相だ。目を閉じて、ものを思う、考える、イメージする、記憶を呼びもどす、回想する、追憶にふける、思い出す、目を閉じて音楽に耳を傾ける、目を閉じて人の話を聞く──目を閉じるということは、注意力を一点に集中させるということだ。視界に幕をおろしはするものの、一層、広々と深く世界に自己の身を、身心を解き放すということだ。目を閉じるということは、耳を信頼して、耳に、また、ほかの感官に自己自身を委ねるということだ。目を閉じるということには、深い意味がある。

ルドンの作品、「目を閉じて」、この絵に多大の感銘を受けた作曲家、音楽家がいる。武満徹である。武満の作曲活動において原風景となっていたのは、日本の庭である。目を閉じて、沈黙のスタートだ。沈黙は、さまざまなアートの母胎となっていたのである。ここでは、次に武満徹と向き合いたいと思う。耳がはっきりとクローズアップされてくるシーンだ。あらためて音楽について、人間について考察しなければならない場面だ。岡本太郎や瀧口修造らが姿を見せる（『武満徹著作集』1、編纂委員谷川俊太郎・船山隆、新潮社、五二─五三ページ、自然と音楽──作曲家の日記、9　充実した沈黙、一七六ページ、日録、1、一八八─一九〇ページ、**11**月の階梯──《November Steps》に関するノオト、二八〇ページ、同時代の思想、イサム・ノグチ──旅するもの、三三六─三三七ページ、日記から、**Ears Cleaning**）。

瀧口修造素描展を観る。

舟底へ降りるようにして、画廊の薄暗い階段をのぼりつめる。と、そこには喧噪を厳しく突っぱねる充実した沈黙があった。こんな瞬間にであうことは稀である。芸術は饒舌に身をかざろうとする時に衰えるものだ。

この沸騰するような沈黙が、ぼくには眩しかった。これはどんな種類の感動なのだろうか。〈静けさだけが永遠という時の流れに合流する〉というルヴェルディの言葉が、その時ぼくを捉えた。（中略）ルヴェルディの言葉をまつまでもなくその時ぼくを襲った感動は、純粋に芸術だけが与え得るものである。そして、この静けさにつつまれた作品が、一枚の硝子を距てて都会の喧噪ととなり合って在ることに、ぼくは芸術の意味をあらためて考えていた。

沈黙のもつ恐怖についてはいまさら想うまでもない。死の暗黒世界をとり囲む沈黙。時に広大な宇宙の沈黙が突然おおいかぶさるようにしてわれわれを掴まえることがある。生れでることの激しい沈黙、土に還るときの静かな沈黙。芸術は、沈黙に対する人間の抗議ではなかったろうか。詩も音楽も沈黙に抗して発音するときに生れた。物と物を擦り合せたり、岩肌を傷つけたりすることから絵画がうまれた。そして、こうした生の挙動が芸術をかたちづくってきた。芸術は未分化の土壌に芽生えた。

音は時間を歩行している

八月二日──東京画廊にて岡本太郎が作った梵鐘を見る──

ぼくは梵鐘の音と形を愛するが、そこにはいつでも苦い反撥がつきまとっている。それは梵鐘が歳経て自然に与し、自然化してしまうことにたいしての感慨でもある。鐘の音を聴くときに、ぼくらは人称不明の地点へつれさられる。それは、美的体験ではあるが、ぼくたちは俺かおまえかはっきりせねばならぬ。

たぶん、岡本太郎の梵鐘は人称をもって個性的な主張をするにちがいない。棘のように自然風景につきささって、その響きはぼくたちに〈人間〉を思いかえさせるだろう。

ぼくたちは、自然風景に人間物としての呼びかけをわすれてはならない。

音楽においても、音はたんに機能としてあるのではない。世界では、生きるもののすべてに固有の周期《サイクル》（運動）がある。眼にみえるものと、見えないものと。音もそうだ。音のひとつひとつに、静物の細胞のような美しい形態と秩序があり、音は、時間の眺望《パースペクティヴ》のなかで、たえまない変質をつづけている。

音は時間を歩行しているものであり、まずこのことを認識しなければならない。雑音とか楽音というような分類は、音の本質とは関わりないことだ。（中略）

鳥の啼声を自然の環境のなかで聞く時には、人間は他の自然の音（雑音）をも、鳥の声と同じ価値のものとして聞いてしまう。自然の環境のなかでは自然の雑音は聴く行為を妨げるものではない。むしろ、無数の響きあう音たちが聴く行為をたすけている。自然の音の生き生きとした様相と変化は、音が完成を必要としない実体として、空間における共存関係をもつからである。

西欧的体系の外にある音楽には、きわめて自然の状態にちかいものがある。

邦楽の間拍子《まびょうし》においては、音の（短い）断片的なつづりはそれ自体完結している。耳に聴こえるそれらの音の出来事《イヴェント》は、間《ま》によって関係づけられ調和を志している。この間《ま》は、演奏の偶然にゆだねられて、動的に変化し、そこで音はまた絶えず新しい関係のなかに蘇っていく。

このような音楽においては、演奏家の役割は音を弾くだけではなく、聴くことでもある。演奏家は、つねに間《ま》（空間《スペース》）に音を聴きだそうとする。聴くことは発音することに劣らない現実的な行為であり、ついにはその二つのことは見分けられなくなる。（中略）

音は、時間を歩行しているからいつも新しい容貌でわれわれの傍にいる。ただわれわれは、いくらか怠惰であ

るためにそのことに気附かない。（中略）

音はつねに新しい個別の実態としてある。なにものにもとらわれない耳で聴くことからはじめよう。やがて、音は激しい変貌をみせはじめる。その時、それを正確に聴く（認識する）ことが聴覚的想像力なのである。

永遠への欲望、存在と無

旅にあって、人はただ通過する存在であり、人間の表現行為は、そうした流動する状態（liquidity）為される内面的な決定であると言えよう。ノグチから私に反映するものは、無限定でありながら、つねに確かな一つの感触としての通奏する響きとして働きかけてくる。それは、ノグチの仕事がたんに美術品としての彫刻を造りあげることで終るようなものではなく、物と生命の本質に関わる果てしない追究だからである。ノグチの作品表現は、たどり着いた結果として為されるのではなく、それはいつでもはじまりの予感に充ちた永遠への止み難い欲望の形態をしている。私にとってそれらは官能的なものとして映る。ノグチの作品では、しばしば、凸出する形態が有機的な肉体の流れるような線であるのに、抉《えぐ》られた窪みが黯《くら》く死の淵のように深く感じられる。たぶんそのことが根源的な官能性を私にしめすのであろう。

ノグチは、既に起った歴史的結果の末端を美的にとり纏めようとする行いを極度に嫌う。ノグチが、過去の民族の感受性が培った異種の文化の精神性と技術に深い興味を示すのは、つまり〈彫刻は変貌であり、原型であり、そして魔術的な蒸留物〉として一つの階級に所属する特殊な美として完結するものではない、という認識に脚《た》つからに他ならない。ノグチに、〈私はたいていの仕事は、試験的な構想の提起だと考えている〉と言わしめるのは、物と生命の超源的な構造、その初発する力への敬虔さの故であると思う。

イサム・ノグチの旅は、現実に、日本、印度、イタリア、フランス、アメリカ、その他の地上の広域にわたっている。そして、その旅はたぶんに運命づけられていたものであったとも言えよう。

雑音と沈黙について

マリー・シェーファーという人の著者に《Composer in the Classroom》と《Ears Cleaning》と題された二冊の音楽教育に関するものがある。（中略）

無数の音たちがうまれでる母胎である偉大な沈黙については、あるいは鳥たちの啼き声は、日常生活の周囲に起こるかぎりない音たちの織りなす劇については、それが「音楽」ということでは律せられない音であるためにないがしろにされてしまう。こうした音楽とはよべない音が、どれほど人間の聴覚的想像力を鍛えたことだろうか。幼児の無垢な耳は、教育された耳よりも聴覚的な感受性ということではむしろ鋭い。こうした、ある意味では動物的な感受性を、知的想像力によってさらに拡大する方向に音楽教育がなされるとしたら、どんなにすばらしいであろうか。

シェーファーは、雑音《ノイズ》と沈黙《サイレンス》について、実際に種々の状況を設定して、そのなかから音楽のほんとうの意味を探ろうとしている。また、世界には多くの異なった言語体系があるようにヨーロッパ近代音楽とは異種の音楽の鉱脈が、複雑に交錯してあることを忘れてはならないように思う。

武満徹の〈問い〉——音と音楽の原風景

武満徹は、時間を歩行しているさまざまな音それぞれに耳を澄ましながら、世界の出来事であるそれぞれの音の固有の表情を生き生きと体験したうえで風土と文化と人びととの生活に根ざした音の宇宙を表現しようと試みた作曲家なのである。瀧口修造、岡本太郎、さらにここで見られたようにイサム・ノグチ、マリー・シェーファーらの仕事に注目しながら、芸術の生成と人間的展開、人間そのもの、音の世界と地平へのアプローチを試みている。武満は、ジョン・ケージに親近感を抱いていた。西洋の近代音楽の枠にとらわれることなく、グローバルな広がりにおいて音の本質と音の存在感を理解しようとした武満は、日本の庭において音と音楽の原風景を体験した人ではないかと思う。音楽そのものは、きわめて人間的で文化的な営みだが、武満は、自然や自然環境、生活環境に耳を傾けることによって、音そのものや自然の音、音環境をできるだけナイーヴに体験しようとした作曲家なのである。

日本の庭と庭園文化――ジョン・ケージやイサム・ノグチらは、日本の庭を体験して、こうした庭から多くの示唆を受けているが、武満にとっても日本の庭は、作曲にあたって重要な原風景となっていたのである。武満のゆたかな感性と想像力によって日本の自然と文化、日本人の生活世界に根ざした武満独特の作品が生まれたのである。武満の作品において体験されるさまざまな日本の音がある。音風景という趣が漂っている作品があるといえるだろう。沈黙を理解しながら音の地平と音の大地を築こうとする武満のアプローチに日本の自然と文化を理解する鍵を見出すことができると思う。

音楽と絵画は、たがいに背を向け合っているわけではなく、相互に響き合うような状態にある人間の表現的活動である。音色《ねいろ》という言葉がある。武満は、音色や間《ま》に注目している。間においてイメージされたり、理解されたりする日本の文化がある。

「自然と音楽――作曲家の日記」に次のような言葉が見られる。注目したいところだ（『武満徹著作集』1、三九―四一ページ）。

音楽は、音か沈黙か、そのどちらかである。私は生きるかぎりにおいて、沈黙に抗議するものとしての〈音〉を択ぶだろう。

それは強い一つの音でなければならない。

私は、音楽のみがかれない原型を提出することが作曲家の仕事ではないかと考えている。

私は余分の音を削りとって、確かな一つの音を手にしたい。

現代音楽祭の帰途に京都の苔寺を観た。簡素ながらその技の凝らしようは私の興味とは遠いものであった。私は作為を好かない。（中略）

私はまず音を構築するという観念を捨てたい。私たちの生きている世界には沈黙と無限の音がある。私は自分の手でその音を刻んで苦しい一つの音を得たいと思う。そして、それは沈黙と測りあえるほどに強いものでなければならない。

音がたちのぼる

一〇月六日　宮内庁にて雅楽を聴く。

まさに音がたちのぼるという印象をうけた。それは、樹のように、天へ向って起ったのである。

音の振幅は横にながされるものであり、音楽はそれゆえに時を住居としているが、私が雅楽からうけた印象は、可測的な時間を阻もうとする意思のように思えた。時間を、定量的な記譜の上に、図式化してとらえようとする西欧の方法と雅楽のそれとは、まったく異質のものなのだ。

雅楽には、西欧的な意味での拍という観念がない。もちろん、羯鼓《かっこ》と太鼓や鉦《しょう》が織りなす律動があるわけだが、それは複雑な音の紗幕《しゃまく》をしじゅうするに留まっている。それは記号のように暗示的だが肉体にむすびついたリズムとは遠い。紋様のように静的であり、時おり精神の方向を示す矢のように鋭く天に向って放たれる。ここでは楽器の不完全さということまでが、不思議な調和をつくりだすのに役立っている。これは自然の仕掛けに似ている。平均率組織では律しえない微妙な音程のからみは官能的でさえある。ヘテロフォニーは音の河の飛沫のように響いて、けっして不協和ではない。

ここで、とくに重要な楽器は笙《しょう》である。

私がうけた、音がたちのぼるという印象、不可測な形而上的時間性の秘密は、笙の音にあるような気がしてならない。笙は吸う息吐く息によって音が出る。衝撃のない持続は外形的な拍をきざむには役立たず、潜在する内的なリズムをよびおこす。せんさいに揺れうごく音の房は、日常的な時間の観念を拒否するのである。ピエール・ルベルディは――静けさだけが永遠である――といったが、私はいまそれを思いだす。

吸う息吐く息によって発音するということは、途絶えないということだ。能の間《ま》はみちたりた生命感と気魄をもつものだが、それと思いあわせるならば、笙の音の河には永遠の安息があるとはいえまいか。雅楽は仏教的なものの影響をも多くこうむっている。その音の河のながれからは、無常感といったものがきこえてくる。しかし、それが生命的でないとは断じえない。吸う息吐く息は、まさしく生命の歴史なのである。(中略)

西欧音楽はせまい音組織のなかで病的に細分化し、方法は図式化された。図式の上に仕組まれた休止は、算術的なかねあいでおかれがちになり、その時、音も機能主義のワクのなかで力をなくした。私たちの課題は、音に根元的な力を回復することなのだ。それは、音に対する新しい認識の上にたって、はじめて行われる。雅楽がそれを満足させるものかどうか、私は知らない。しかし、この音の河のながれからは、未分化の豊かさが感じられる。

「音の河のながれ」のように

武満徹の抱負と意気ごみ、ヴィジョン、音と音楽に対する彼の期待感、彼の感性、彼のアプローチと方法などが、まことに生き生きと感じ取られる注目に値するシーンだと思う。武満は、沈黙と測りあえるほどに強い音をめざした作曲家なのである。人びとが生きている世界には沈黙と無限の音があるのだ。武満は、自分の手でその音を刻んで苦しい一つの音を得たいと思う、と書いている。まさに武満の方法（道）を理解しようとする時に核心的ともいえる言葉だ。「自分の手でその音を刻んで」—刻む、彫刻的なシーンだ。「苦しい一つの音」—武満は、音に肉迫する。彼がイメージする音は、存在感がある強い音である。樹木に彼が深い思いを抱いていたことに注目したい。「音がたちのぼる」「樹のように」—雅楽の音体験や能についての言葉は、まことに興味深い。武満の表現、「音の紗幕」、「紋様のように」、「時おり精神の方向を示す矢のように」、「自然の仕掛け」、「音の河の飛沫のように」、「音の房」、「音の河のながれ」—そして笙《しょう》にかかわるところだが、吸う息吐く息—このような表現には、武満の深い思いがにじみ出ている。生命にまなざしが注がれている。

武満徹は、西洋の音楽を視野に入れながら、日本の音と日本の音の文化、独自の音楽、独自の音の河を生み出そうとしたのである。作曲家、武満徹には、日本人の生活と日本の文化、日本の自然、そして人間のアイデンティティと人間の条件、人間そのものへのアプローチが、はっきりとうかがわれる。音楽は、人間の生活と生存に深く根ざした、まことに人間的な営み、人間的な表現、人間の生命のほとばしりなのである。哲学的、人間学的なアプローチと方法が、音の河と音そのものをクローズアップさせた、武満徹には見られるのである。人間の世界体験の深さと広がり、人間のアイデンティティ（存在証明・自己同一性）についての理解を深めようとする時、武満の作曲活動と彼の言葉、彼のエセー（試み・試みること）には、いくつもの重要な手がかりと着眼点が見出されると思う。耳の人、《November Steps》の作曲家、武満は、見る人、目の人でもあることに注目したい。ルドンの「目を閉じて」（「閉じた眼」）と題された絵に注目していた武満は、このルドンの絵のタイトルから「開かれた耳」という言葉を思い浮かべた人である。ルドンのこの絵は、武満の音楽に入っているのである。

京都の苔寺は、武満にとっては特に興味をひいた寺ではなかったが、庭に仕掛けられた音は、彼の心を深くとらえたのである（『武満徹著作集』1、四四ページ、自然と音楽——作曲家の日記、4）。

苔寺は私にはつまらなかったが、あの庭に仕組まれていた音響は、私の心を深くとらえた。あの音は夢窓国師の設計のなかに当初からあったものかどうか？　庭の隅々から、竹が鋭く石をうつ音が響いてくる。かけひの水を利用したにすぎないものだが、その空間的な按配と音色にたいする吟味はなみのもののなせることではない。揺れうごく自然風景とともに音は明るかったり、かげをおびたりする。ここには問題を解きほぐす何らかの緒がある……。

ここには鹿《しし》おどしという言葉は見られないが、竹と石、かけひの水、ということであれば、鹿《しし》おどしがイメージされる。「竹が鋭く石をうつ音」——鹿おどしの音は、カーンというような乾いた感じの音だが、武満が苔寺で耳にした水と竹と石の音は、どんな音色だったのだろう。鹿おどしの音において体験される間《ま》がある。リズムがある。世界の姿と様相がある。このような音とともに現出する空間とトポスがある。鹿おどしの音において体験される時間がある。意味づけられた時間だ。鹿おどしの音によって生まれた現実がある。現実とは、意味の限定された領域をさす。意味とは、人間と世界との合奏なのであり、人間の世界体験そのもの、そしてそうした世界体験の秩序づけられた、方向づけられた（意味づけられた）トポス、舞台が意味なのである。

ノヴェンバー・ステップス——琵琶、尺八、オーケストラのために

武満徹に「ノヴェンバー・ステップス」《November Steps》と題された曲がある。この曲にかかわるノオトのなかに彼の次のような言葉が見られる（同書、一九二—一九六ページ、11月の階梯——《November Steps》に関するノオト、Ⅳ、Ⅴ）。

人間の周囲にある自然とか、世界のすべては無名に等しい状態にある。それらを人間が名附けたり呼びかけたりするときに、そのような無名のものが、人間のものとしてよみがえる。同時に人間と同化する。私たちが一本の樹を「樹」と名附けるときに、美はますます明らかになってくる。木で家を建ててそこに住むときに、美は日常そのものの相貌をしてくる。

私はこの作品のために多くの言葉をメモしていた。それらは、すべて私に強く働きかける現象に関する言葉だった。

reflection
vortex
flower

saturation

water ring

water ringという言葉が漠然とした発想を脹らましていった。山荘(軽井沢、御代田の武満の山荘をさす、筆者注)に伝わってくる物音は、いつも幾つかに反響《こだま》して聞こえた。それは、天候の条件で異なって聞えた。この効果を作品にいかしたいと考えていたからwater ringはタイトルとしても適切なものに思えた。

琵琶と尺八の音が、オーケストラに水の輪のようにひろがり、音が増えてゆく。このことを友人のジャスパー・ジョンズに話すと、彼は、water ringという言葉は――アメリカでは――、一般的には浴槽についた泡のことを意味していると言った。(中略)

地上には異なる人種があり、各自の言語や、考えかた、感じかたというものをもっている。このことは世界を貧しくはしていない。むしろ、日常の生活の世界を動かすことに役立っている。

それから、私はまた多くの言葉を書きとめて行った。言葉と交渉をもつと、私のなかに他者があらわれ、私の考えは緩やかにだがひとつの方向性をもった運動として収斂されて行く。

私は、この作品に《November Steps》というタイトルをつけることにした。

(以下はVにあたるところ、筆者注)

1

オーケストラに対して、日本の伝統楽器をいかにも自然にブレンドするというようなことが、作曲家のメチエであってはならない。むしろ、琵琶と尺八がさししめす異質の音の領土を、オーケストラに対置することで際立たせるべきなのである。

2
数多くの異なる聴覚的焦点を設定すること、これは作曲という行為の（客観的な）側面であり、また、無数の音たちのなかに一つの声を聴こうとするのは、そのもうひとつの側面である。

3
洋楽の音は水平に歩行する。
だが、尺八の音は垂直に樹のように起る。

4
尺八の名人が、その演奏のうえで望む至上の音は、風が古びた竹薮を吹きぬけていくときに鳴らす音であるということを、あなたは知っていますか？

5
まず、聴くという素朴な行為に徹すること。やがて、音自身がのぞむところを理解することができるだろう。

6
イルカの交信がかれらのなき声によってはなされないで、音と音のあいだにある無音の間の長さによってなされるという生物学者の発表は暗示的だ。

7
地球上に時差があるように、オーケストラをいくつかの時間帯として配置する。時間のスペクトラム。

8
一つの音楽作品がそこで完結したという印象を与えてはならない。周到に計画された旅行と、あらかじめ準備されない旅行とではそのどちらが楽しいでしょうか？

9
現代作曲家の多くが、独自の工風を凝らした音の壁を築いていた。ところで、その部屋の内部には誰が――？

10
特別の旋律的主題をもたない11のステップ能楽のようにたえず揺れ動く拍。

11
『ノヴェンバー・ステップス』は、ニューヨーク・フィルハーモニー交響楽団創立１２５周年記念のための委嘱作品として作曲を依頼され、一九六七年一一月に同交響楽団によって初演された。

沈黙の間を聴く

ニューヨークで、立ち上がった、立ちのぼるような音が、人びとの耳に触れたのである。武満は、音の壁を打破しようとしたのである。音に生気を吹きこみ、緊張感がある強い音によって音の宇宙を樹立すること、それが、武満の念願だったといえるだろう。強い音とはいっても、彼は、まことにナイーヴな音感の人であり、ひとつの音の音色や間《ま》に、耳を傾けることに細心の心くばりをしていた耳の人、しかも目の人だったのである。武満は、次のような言葉を残している（同書、一〇〇ページ、一つの音）。――「繰り返せば、一音として完結し得る音響の複雑性、その洗練された一音を聴いた日本人の感受性が間という独自の観念をつくりあげ、その無音の沈黙の間は、実は、複雑な一音と拮抗する無数の音の犇《ひし》めく間として認識されているのである」。

日本の文化は、これまでしばしば間の文化、余白の文化などとも呼ばれてきたが、間は空虚なあいまいな空間や時間ではなくて、充実した意味のトポス〈場所〉、意味の道なのである。日本の文化のひとつの結晶ともいえる日本風の庭園や庭においては、その造作や作庭のスタイルや方法がどのようなものであろうと、微妙な空間感覚、美意識、生活感情、間の感覚などが、それぞれの庭や庭園において体験される。

京都の龍安寺、その石庭は、内外の人びとの注目を浴びてきた庭だが、いくつかの島がイメージされるような大小さまざまな石の配置とコンポジション、海がイメージされる白砂の大地、まわりの塀や広い縁側の下の方に見られる石組と小石、そのような塀などによって枠づけられた状態の唯一のトポス〈場〉―石庭、この庭は、まことに緊張感に富んだ石の舞台、石のトポスなのである。ジョン・

ケージをはじめこの庭において感性と想像力の扉が開かれた人びとは少なくない。イサム・ノグチも、武満徹も、日本の庭に自己自身のよりどころとなるもの、自己の作品の原風景ともいえるものを感じ取っている。

ある時、雨降りのなかで、龍安寺の石庭を参観したが（体験したが）、縁先の石組によって縁どられた小石にあたる雨音が耳に触れたのだった。水を得て小石は、よみがえっていた。石庭のさまざまな石は、雨にぬれて特別な表情を見せていた。

この石庭には池もなければ、流れる水もない。石、また石である。石のふもとにはわずかに緑、苔が見える。石庭は、無音のトポスではない。耳を傾けながら、海原と島を眺めることにしよう。龍安寺の石庭の音風景は、なみなみならぬ音風景であり、広々とした縁側は、世界体験のふたつとないトポス（場所、座席）となっているのである。縁側を静かに移動して、異なる視点と異なる距離から石庭を体験する。庭に降り立ったり、庭をめぐり歩いたりすることはできないが、石庭のバリエーションとさまざまな風景とパースペクティヴが体験される。静寂も音の一様相なのである。この庭が、時には風の庭となることもあるだろう。季節感が体験されない庭ではない。額縁となっている土塀の背景に見られる樹木に、石庭に降り注いでいる光に、季節が姿を覗かせている。朝夕、さまざまな時間帯によって石庭の光景と風景、雰囲気が、おのずから変わる。石庭の表情がある。

自然石は、自然そのままだが、プランとヴィジョン、構想、イマジネーションによって自然石が、しかるべきところに位置づけられて、大地を飾るようになると、自然石は意味を帯びた石の文化、文化となった石となり、自然であるとともに文化と呼び得るような人間的世界に姿を現した石となるのである。なんらかの状態で人間がかかわり合っているものは、紡ぎ出された意味そのものとなっているのであり、まさに客観的精神（ヘーゲル、ディルタイ、メルロ＝ポンティ）となって人間を迎えてくれるのである。ズナニエツキーには、人間係数という言葉がある。

人間は、自己自身ならざるもの、さまざまな対象や客体によって支えられてきたのであり、そのようなものによって、支えとよりどころとなるものによって、生命力を吹きこまれてきたのであり、活性化されてきたのである。そのようなものによって、生命力と行動力、想像力、構想力などが、人間にもたらされてきたのであり、人間は、どのような状況や環境においてであろうと、そのようなものによって方向づけられて（意味づけられて）いるのである。

石であろうと、庭であろうと、樹木であろうと、水の流れであろうと、トポスや道であろうと、大自然の風景であろうと、身近なところに見られる対象であろうと、光であろうと、音や色であろうと、人間の世界体験の領域に入ってきたものは、人間にとって、ことごとく人間の一部、人間のステージ、時には人間のかけがえがない条件、人間のアイデンティティとなっているのである。さまざまな状態で人間は、世界と密接に結ばれているのである。人間の存在証明、自己同一性——人間のアイデンティティは、自己自身ではないところのものによって、人間の生活と生存の舞台と領域である〈世界〉によって、かたちづくられており、そのようなものによって意味づけられているのである。この私は、いったい誰なのか——人間に投げかけられたこの問ほど深い意味を持つまことに人間的な問いは、ないだろう。人間は、いずこにおいてであろうと、あくまでもダイナミックに、活動的に、それだけではなく内省的に、人生の旅びとであることを自覚しながら、人びとのなかで、社会的に、世界と自己自身と対話しながら、人間的に生きなければならないのである。

人間が人間であるために

人間のアイデンティティーフランス語サンス sens が、感性が、意味が、クローズアップされてくる。サンス sens—感覚・意味／方向である。オクタビオ・パスは、リズムを意味として、方向として理解している。『ファウスト』——ゲーテが書き記した言葉だが、言葉、意味、力、行為、こうした言葉のいずれにも注目したいと思う。ウィトゲンシュタインは、言葉は、ひとつの行為である、という。シェイクスピアでは、言葉と行為だ。台詞《せりふ》は、言葉にふみとどまるものではなく、行為となる言葉なのである。人間は、行為者であり、行動力そのもの、活動力そのもの、そして人間は、あくまでも生命力であり、生そのもの、あらゆる意味でライフなのである。

ポール・ヴァレリーの次のような言葉がある（『ヴァレリー全集　カイエ篇　4　身体と身体・精神・外界　感性　記憶　時間』筑摩書房、一八—一九ページ、身体と身体・精神・外界、三浦信孝訳、五九ページ、六四ページ、一二七—一二八ページ、一三二ページ、感性、市原豊太訳、一五四—一五五ページ、記憶、松浦寿輝訳）。

身体とは——そこで諸々のエネルギーのドラマが演じられる一つの空間であり一つの時間である。
外部とは、諸々の発端と終結の総体である。

「精神」の船は、「身体」の大海に浮かび漂う。

しなやかな感性とともに

それぞれの感覚はさまざまな未知の事物を解釈する一つの装置である。

感覚は、多くの鏡のある一室に閃いた火花のやうなもので、それは無数の形象を、次にそれら形象間の複雑な関係を輝かせる——

自我——感性

感性はすべての事象中もっとも重要なものだ——この事象はあらゆる事象を包含し、常住現前しまた全体を構成する。人が知識と呼ぶものは此の事象の一つの複雑化に他ならない。

感性——驚異の母——切断と諸々の抵抗の娘——火花と光——眼覚め、呼び掛け、侵入——加速——あるひは第二の変形——非平衡、——諸々の価値。

唯一の現実は純粋な感覚である。——
現実はそれゆゑ瞬間的である。
なぜならそれは異論の余地のない、模倣のできぬ、描写できぬものであるから。

人間を一つの実体たらしめるのは記憶である。もし記憶というものがなければ、ひとは孤立した種々の変形を持つにすぎない。

レイチェル・カーソンにセンス・オブ・ワンダー sense of wonder という言葉がある。人間のアイデンティティのもっとも深いところに感覚、五感、まさに感性があるといいたい。いうまでもなく人間においては、理性がクローズアップされてくるが、感性があってこその理性であり、感性とともにの理性なのである。感性ぬきの理性ではない。感性に導かれる状態での理性なのだ。人間の世界体験は、人間の感性とダイレクトに結ばれており、こうした世界体験は、サンス sens に深く根ざしているのである。サンス—感覚・意味／方向。人間の行動や行為、人間のプラクシス（行為・実践）とポイエシス（制作・創造）は、サンスによって、感覚によって、感性と理性によって、また、「感ずる理性」（西田幾多郎）によって、動機づけられているのであり、方向づけられているのである。

自然も、大地も、人間の母胎であり、文化の根底なのである。人生の日々を生きるということ、一人の生活者として、世界において、まさに人間の生活と生存の舞台と領域において、さまざまな野と領野において（例えば、視野や聴覚の野などにおいて）、人間として人間的に生存するということは、世界を体験しながら、意味を紡ぎ出し、意味のなかで、多元的現実を構成しつづけていくということなのである。世界を体験しながら、意味世界を構築し、現実を構成すること——こうしたことは、人間のアイデンティティの形成と維持、アイデンティティの構築と構成と深く結びついているのである。マックス・シェーラーがいう世界開放性に注目したいと思う。彼は、人間を世界開放的存在、精神的存在者、否を言える者として理解している。人間は、まさに無限の深さをたたえた身体的人格的生成／存在であり、人間を身体的精神的生成／存在、明らかに感性的生成／存在（生成的存在）と呼びたいと思う。人間は、トータルに意味であり、感性そのものなのである。

さまざまな光と風のなかで

フィレンツェでは、さまざまな大理石であり、ルネサンスそのもの、アルノ河である。宇都宮では、まさに大谷石である。田川であり、釜川である。この釜川のほとりには、カリヨンの塔がある。

ある時、私たちは、フィレンツェのドゥオモ、大聖堂の円蓋、大きな円形の屋根の最高部、高いトポス（まさにアクロポリス）に上って、ドゥオモの頂点からフィレンツェの市街地と近郊を広々と展望した。方向を変えながらの風景体験だったが、私たちは、すばらしいパースペクティヴのドラマをフィレンツェの風とともに体験したのである。

さまざまな光と風において、風土と風景において、人びとの日常生活と衣食住において、さまざまな石において、さまざまな音などにおいて、世界が体験される。人びととの触れ合い、社会的体験、風景体験、まことに多様な世界体験において、人間的現実や人間的時間などが、立ち現れる。およそ人間的なもの、それは、意味なのである。文化を意味・価値・規範という視点から、また、サインとシンボル、さらに道具、作品などという視点からイメージしたり、理解したりすることができるが、文化とは、まさに全面的に意味なのである。人間の生活と生存の方法とスタイル、それが、文化なのである。

河井寛次郎と宮城道雄、それぞれの言葉を紹介して結びとしたいと思う。

雨は瓦屋根がすきだ。踊れる処だからだ。
雨は板屋根がすきだ。侘びしさに出会へる処だからだ。雨は石屋根がすきだ。慰めに行ける処だからだ。風は壁がすきだ。

河井寛次郎『60年前の今』監修　財団法人日本民芸館、発行所　東峰書房、二〇七ページ、子供たちの草花。

初秋になると、風が何となく違って来る。八月の半ばを過ぎると、空気が澄んで来るような感じがして、頭の中がはっきりして来るように思う。自分の作曲も、一年中で秋が一番多く出来る。私はいつも、金《かね》で作った風鈴《ふうりん》を釣《つ》るして、風に吹かれて鳴るその音《ね》を聴くのが好きである。秋風に揺れて鳴ると、同じ音でも、何となく淋しいような、今までと違った音がするのを感じる。

また、風鈴もほどよい秋風で鳴る時は、悲しいような中にも、聴きとれるような音がするけれども、ひどい暴風《あらし》の時には、短冊《たんざく》がよれよれになって、音もろくに出ない時など、また音はしても、荒《すさ》びたようないかにも枯れ果てたような音のする時、そんな時は晩秋の気持を感じるのである。また秋の光線も、私が子供の時に見た記憶では、黄色味がかっていたように思う。

宮城道雄『新編　春の海　宮城道雄随筆集』千葉潤之介編、岩波文庫、八〇―八一ページ、四季の趣。

風、なんとさまざまな風が体験されることだろう。風には自然の厳しさや激しさが姿を覗かせているが、風には、どことはなしに人間の温もりややさしさ、人間的な表情さえも浮かび漂っているように感じられる。さまざまな風に、風土に、風景や音風景に注目していきたいと思う。耳を傾けながら、できるだけ深く世界を体験しつづけたいと思う。

〈文献〉

山岸健『レオナルド・ダ・ヴィンチ考　その思想と行動』日本放送出版協会、NHKブックス207、一九七四年五月

山岸美穂・山岸健『音の風景とは何か　サウンドスケープの社会誌』日本放送出版協会、NHKブックス853、一九九九年六月。

山岸健『社会学的人間学　絵画／風景／旅／トポス／道／人間／生活／生存／人生／世界』慶應義塾大学出版会、二〇〇五年一〇月。

山岸美穂『音　音楽　音風景と日常生活　社会学／感性行動学／サウンドスケープ研究』慶應義塾大学出版会、二〇〇六年四月。

山岸美穂・山岸健『感性と人間　感覚／意味／方向　生活／行動／行為』三和書房、二〇〇六年一〇月。

山岸健「石の文化と人間、人間的世界」『芸術文化雑誌　紫明』第19号、特集「火炎」紫明の会、二〇〇六年九月、所収。

＊武満徹については、上記の山岸美穂『音　音楽　音風景と日常生活　社会学／感性行動学／サウンドスケープ研究』のエピローグ、Ⅲ　音と音楽――武満徹のアプローチを手がかりとして――をごらんいただけると幸いと思う。

＊この拙稿は、山岸美穂の問題意識とアプローチ、方法をふまえて執筆されたものである。連名の作品としてご理解いただけると幸いである。

第Ⅳ部　耳を澄まして――風のサウンドスケープ

耳を澄ませば――環境の音、音風景に

人びと、それぞれの人生の旅路となっている日常的世界、社会的世界、風景的世界は、大地と宇宙的自然によって支えられている。いずこにおいても人間と環境に注目しながら環境の音、いわば〈音風景〉に耳を傾けなければならない。時代と地域、地方に応じて音や音風景に相違が見られる。時代とともに消えていった音があるし、時代、時代において新たに生まれた音がある。

日常生活に人生がある。人生の日々は、風景や音風景のまっただなかで、人びとのなかで刻々と過ぎていくが、日々、生き生きと意欲的に情熱的に創造的に生存することが、私たちに求められている。広く深く生きるために体験の領域、意味世界の充実をはかることが必要だ。

さまざまな音に身心を委ねて音や音楽に耳を澄ますことによって人間の生活と生存の領域、人間的世界が、一層、広がりと深まりを見せることだろう。

さまざまな音は、自然や人間的世界の現象であり、こうした音によっても多元的現実がかたちづくられている。

音楽、雑音、騒音、まことにさまざまな音、沈黙、静寂……音の地平だ。多様な音、瞬間的な音、持続的な音……音は消えていく。消えていく音に音の深みと無限性が感じられる。音の効果がある。再生された音や人工音、効果音があるが、音の原風景として風の音、人間の声(聲)、生活音などに耳を澄ましたい。

音や音楽の慰めと喜びがある。音や音楽に託された希望がある。人間の生活と生存、人生の日々は、さまざまな音によっても支えられており、音や音楽によって方向づけられている。

人生の旅びと、行為者、人間は、生命力であり、生存の力だが、こうした力にはさまざまな状態で音や音楽が深く入りこんでいる。

〝人生に意味を〟――サン゠テグジュペリの言葉に注目しながら、耳を澄まして、環境と世界に身心を委ねていきたいと思う。

＊

夜が明けそめるころ、ドアと窓をあけ放って座っていると、部屋のなかを飛んでいく、目にも見えず姿も想像できない一匹の力のかすかなうなりが、名誉を称《たた》えるどんなラッパの音にも劣らない感動を私に与えるのだった。それはホメロスのレクイエムであった。そのうなり自体が、怒りと漂泊を歌いながら宙を飛んでいく『イリアス』であり『オデュッセイア』であった。

日曜日には、風向きがいいと、ときどき、リンカン、アクトン、ベッドフォード、コンコードなどの鐘の音《ね》が聞えてきた。それは原生林にもちこむのにふさわしい、かすかな、心地よい、いわば自然の旋律であった。森を越えて十分な距離をとると、その音は地平線のマツの針葉がハープの弦となってかき鳴らされているような、一種のふるえを帯びたうなりに変わる。あらゆる音は、最大限の距離をへだてて聞くと、まったくおなじ効果を生み、宇宙の竪琴《リラ》の振動音となる。

地球は、書物のページのように何層にも堆積した、主として地質学者や古物学者の手で研究されるべき単なる死んだ歴史の断片ではなく、花や果実に先駆ける木の葉とおなじように生きている詩である——化石となった大地ではなく、生きている大地である。

H・D・ソロー

窓の下の街路にこんなコンポジションを見た。女が小さな手押し車を押し、その車の前には手まわしオルガンが縦向きにのせられている。そのうしろに籠《かご》が横向きに置かれ、その籠のなかに嬰児《えいじ》が帽子をかぶせられ、両足を踏んばってうれしそうに立ち、すわっていることを肯《がえ》んじない。女は手まわしオルガンのハンドルをときどきまわす。すると嬰児は足を踏みしめながら籠のなかに立ってしまうのである。緑色の晴着を着た小さな娘が踊って、窓を見上げながらタンバリンを打ち鳴らす。

サン・ミッシェルの遊歩道はひっそりとして広く見えた。かすかに坂になっていて、軽々と歩けた。頭上でガラス窓が明るいひびきで開き、その反射が白い鳥のように街路を翔《と》んだ。うす赤い車輪の馬車が通りすぎた。ずっと下手《しもて》を歩いている人の荷物がうす緑色である。ぴかぴかと光る馬具をつけた馬が、水をまかれて黒くしめっている清潔な車道を駆けて行く。風はいきいきとして新鮮でなごやかであって、さまざまなものが昇《のぼ》る、香《かお》りと呼び声と鐘の音とが。

ライナー・マリア・リルケ

人は街路で実に生きている。あらゆる生活をそれぞれ背負って、家庭では決して見られない街上独特の真剣な

顔をしている。（中略）街上をゆく私の心を一番打つのはやはり人間の声である。生きた言葉である。人間が不用意に必要に応じて迸出《へいしゅつ》させる声と言葉とである。

この微妙な生きものを耳に捉《とら》えるためのみにも、街路は私にとって山や海に劣らない魅力を持つ。日本橋あたりの交叉点に立つ。電車とトラックと鉄骨をうつ電気ハムマアとの未来派的渦流音の中にまき込まれつつも、漠然と、しかも確然と湧《わ》き上る群集の声の不協和音は、何という心をそそる音だろう。まったくそれは下手な交響楽のアレグロ・アッサイどころの及ぶところではない。そういう綜合音の中から、きらきらと生きた言葉がきこえて来る、川瀬に光る小魚の銀の腹のように。

高村光太郎

〈エピグラフ・出典〉

ソロー『森の生活　ウォールデン』飯田実訳、岩波文庫・上巻、一五九ページ、住んだ場所と住んだ目的、一二三ページ、音／下巻、二四八ページ、春。

リルケ『マルテの手記』望月市恵訳、岩波文庫、六七―六八ページ。

高村光太郎『芸術論集　緑色の太陽』岩波文庫、二四四ページ、生きた言葉。

「太陽は日ごとに新しい」

人びと、それぞれの人生行路には、つぎつぎにさまざまな人びとが姿を見せる。また、人びとばかりではなく道具や家具や作品、部屋、庭、建物、さまざまな道、都市空間、いろいろな片隅、場所などが、日常生活や旅の日々に姿を見せている。いろいろな色や形、コンポジション……自然の姿、形、色彩がある。つぎつぎに風景が体験される。一日、一日、日常生活によって人生行路がかたちづくられつづけている。行動し、行為し、制作したり、創造したりする人間、たえまなしに環境や世界、さらにさまざまな現実を体験している人間、こうした人間によって、環境と時間と空間をふまえて、世界、まさに人間的世界が構築されつづけているのである。

ヘラクレイトスは、「太陽は日ごとに新しい」といったが、日々、新たな一日が始まるのだ。人間にとっては、生、生きることは、大切な使命であり、生活し生存することが、人生の旅びとにとっては重要な課題なのだ。

同じ川には二度、入れない――ヘラクレイトスの言葉だが、流れゆく水の姿、風景ほど人びとに深い思いを抱かせる風景はないだろう。水の流れ、川は、人間にとってまことに象徴的だ。流れゆく水、川を体験しながら、そうした流れがやがて姿を現すはるかかなたの大地と地方、風景を思い浮かべた人物がいる。イタリアへの旅の途上のゲーテだ。

人間存在という表現があるが、人びと、それぞれの生活史と人生、人間の活動に注目するならば、人間を生成的存在、生成／存在と見る方が妥当だと思う。こうした人間は、いずこにおいても、いつでも環境と対話しながら、時間的で空間的な日常的世界、社会的世界、風景的世界の形成と構築にたずさわりながら、人びとのなかで、社会において、風景のまっただなかで身心を支えつづけているのである。

人生行路は、人びとや人間関係、集団生活、日常生活によって意味づけられているが、風景によっても、さまざまな作品によっても、さらにおりおりの旅によっても意味づけられてきたのである。日常生活をできるだけ活性化させながら、一日、一日を生き生きと晴れやかに、情熱的に生きることに人びとは心をくだきつづけてきたのである。

思想家、詩人、画家、それぞれのパリ

人生と日常生活こそ社会学の根底、原風景であり、社会学のよりどころ、道しるべ、大地ではないかと思う。

社会は人間社会、だから社会へのアプローチと人間へのアプローチを切り離すことはできない。一八世紀のことだが、ジャン＝ジャック・ルソーは、社会において人間を、人間において社会を、という見方を示している。社会学の命名者、創始者であるオーギュスト・コントは、ルソーの思想と方法を形而上学的段階に留まっている見方としてとらえている。神学的段階——形而上学的段階——実証的段階、コントがいうところの知識の進歩の三段階の法則である。コントは、実証哲学をイメージして、社会学を世に送り出す。『実証哲学講義』の第四巻において、社会学 la sociologie という名称が姿を現す。一八三九年のことだが、コントにおいては社会学の胎動は、一八二〇年代に始まっている。

この頃、パリの都市空間には鉄骨ガラス張りの通路であるパサージュが造られたのである。遊歩者、フラヌールがパサージュに姿を見せる。遊歩者が向かう先には百貨店、こういった人物がいる。ベンヤミンだ。ボードレールやベンヤミンのパリ、アジェのパリ、印象派の画家たちのパリ、ユゴーやバルザックやゾラのパリ、カミュのパリ、サルトルのパリ、また、ショパンのパリ、高村光太郎のパリ、

九鬼周造のパリ、ヘミングウェイのパリ、まことにさまざまな人びとと、それぞれのパリ、名もない人びとや旅びとのパリがある。マルセル・プルーストのパリがある。彼はパリを石の都と呼ぶ。島崎藤村は、パリを体験しているが、パリには響きがあり、東京には声がある、という。さまざまな詩人のパリがある。堀口大學のパリもある。前々からパリは光の都といわれてきたが、パリの相貌と光景、風景、景観、パリの音と音風景は、多様、多彩、変転きわまりない。

パリのセーヌ右岸にはモンテーニュ街やジャン＝ジャック・ルソー街があり、セーヌ左岸にはオーギュスト・コント街がある。若き日にパリで生活していたルソーは、『エミール』の出版によって追われるようにしてパリを離れて、各地を転々とする。ある時、ルソーはスイスのビエンヌ湖の小島に姿を現し、そこで短い期間だったが、夢心地の日々を過ごす。晩年、ルソーは、パリへ。水と緑の人、ルソーは、晩年のパリにおいては、サン＝ジェルマンの野に出かけて、緑に身心を委ねている。水の音、小鳥の音、野の草花は、ルソーにふさわしい自然と大地の恵みである。ルソーは植物を大地の飾りと呼ぶ。ルソーの生活史を見るとパリのヴァンセンヌの森のとあるところで不自由な境遇に置かれていたディドロをルソーが見舞った日がある。その時、この森のなかでルソーは、自然状態をイメージしたのである。自然状態に着眼したルソーの考察は、やがて大きく花開いていく。

パリは名だたる都会であり、文明と文化の都、光の都だが、パリの自然がある。パリの空があり、パリの森や緑がある。パリの光と明暗、闇がある。パリの音と音風景がある。パリの奥底、パリのふところの深いところ、パリの真相、パリの中核、支柱は、いったいいずこに見出されるのか。

アルベール・カミュは、パリを感性を磨くための舞台装置と呼んでいる。ベンヤミンは、パリを鏡の都と称している。さまざまな旅びとのパリ体験によってかたちづくられたパリ像がある。それは意味世界としてのパリである。

ロダンやリルケのパリがあり、永井荷風のパリ体験とパリ像がある。リルケの『マルテの手記』に見られるパリがあり、荷風の『ふらんす物語』に姿をみせるパリがある。ヘミングウェイの『移動祝祭日』、この作品は、パリ讃歌だ。また、ヘンリー・ミラーのパリがある。

「雨にうたるるカテドラル」

パリのセーヌ左岸、モンパルナス通りとラスパイユ通りに近いところだが、メトロのラスパイユ駅の近くに一筋の道、街路がある。道幅は狭い。かつて高村光太郎や藤田嗣治らが、この一筋の道、カンパーニュ＝プルミエール街のとあるところに居場所を定めて、パリ生活を営んでいた。佐伯祐三には、このカンパーニュ＝プルミエール街の門を描いた絵がある。高村光太郎は、この通りの住居からシテ島のノートル＝ダム寺院を訪れて、「雨にうたるるカテドラル」という詩を残している。歩いてシテ島に向かったのかもしれない。カンパーニュ＝プルミエール街のとある角にある建物に写真家、アジェが居を構えて、パリ生活を営み、パリのさまざまな地点や場所、通りや建物、店などを撮影している。

文学や絵画、写真など、さまざまなジャンルの作品に姿を見せたパリがある。スペクタクルとしてのパリ、万華鏡としてのパリ、イマージュとしてのパリ、さまざまな事件や出来事の舞台や現場としてのパリ……など、まことにさまざまなパリがある。

カンパーニュ＝プルミエール街にひっそりと姿を見せている小さなホテルがある。それは、ホテル、イストリア。マン・レイ、モンパルナスのキキ、ルイ・アラゴン、マルセル・デュシャン、ライナー・マリア・リルケなど広く知られた人びとのゆかりの宿だ。

ギリシア語、トポス τόπος には場所、位置、地点、ところ、家、部屋、坐席、村や町などの集落、さらに職業、チャンス、さらには墓や墓地などという意味がある。

カンパーニュ＝プルミエール街、フランス語、リュ rue には通り、街、そのあたりに住んでいる人びと、という意味がある。

時代がさかのぼるが、かつてモンテスキューは、大都会を世界を旅する人びとにとって故郷と呼んだことがある。さらにさかのぼるとモンテーニュは、みごとなパリを称賛している。

風の居場所《トポス》、音環境としてのカフェ、ドゥ＝マゴ

あまたの作品に登場するパリがあり、ベンヤミンのパリがある。ある時、ベンヤミンは、セーヌ川左岸のサン＝ジェルマン＝デ＝プレの交差点に位置しているカフェ、ドゥ＝マゴの片隅でパリの片隅に身を寄せている自分の立場と境遇についてもの思いにふけっている。彼は街路や歩道と接しているようなカフェテラスにいたのか、それとも建物の内部の奥の方の席についていたのか。

カフェ、ドゥ＝マゴにはサン＝ジェルマン＝デ＝プレ教会の入口を間近に見ることができるようなカフェテラスやさまざまな席がある。このカフェとこの教会のすぐ近くの建物の上の方の階にジャン＝ポール・サルトルの住居があった。サルトルは、おそらくドゥ＝マゴやすぐ近くのカフェ、フロー

ルに足を運んでいたにちがいない。

サルトルには自己欺瞞的行為という言葉がある。社会学の役割演技論やアイデンティティ論とかかわりがあるような見方だ。カフェのボーイにはボーイのダンス、動き、身のふり方、まなざし、マナーがある。ボーイは、いったいどこまでボーイなのか。

カフェ、ドゥ＝マゴのさまざまな席、トポスにおいて、さまざまな音環境が体験される。私たちのパリ体験の場面だが、街路や歩道、まさに道端のカフェテラスの席においては、驚くばかりに激しい物音が耳に触れる。こうした席は、風のトポスだ。道ゆく人びととふれ合いそうになる時がある。パリの活気が、風景として、音として、時には圧倒的な迫力で体験される。ほとんど音の壁と呼びたくなるような音風景＝環境音が体験されることがある。音の壁――サウンドスケープ（音風景）研究においての着眼点のひとつだ。

カフェの建物の奥の席ともなると耳に触れる音の様相がずいぶん変わる。

サン＝ジェルマン＝デ＝プレの教会の内部に入ると全体として暗々としており、森のなか、林のなかというような感じがする。この教会で開かれたコンサートに何度か出かけたことがある。場所と空間、建造物の様相によって音響や音の効果が異なっている。

音の叙事詩と博物詩と

都市空間の地点、地点、さまざまなトポス、場所や通り、片隅、片隅の音や音響がある。

マルセル・プルーストは、土地のさまざまな場所は、また人間でもある、と書いているが、人間の個性と同じように土地や場所の唯一性があるのだ。その土地、その場所で耳に触れる音や音風景によっても大地やトポスや道の特徴、唯一性が、はっきりと体験されるのである。

音は環境や世界の出来事、現象であり、宇宙的自然や大地と一体的な、また、人間の活動的生活、生存と深く結びついている顕《あらわ》れなのだ。それにしてもなんとさまざまな音や音色、音響が、次々に私たちの耳に触れていることだろう。音があり、音楽がある。ところによっては静寂が体験される。沈黙の状態がある。音と音の間《ま》や間合いがある。音はさまざまな状態で消えていく。残響がある。いろいろな効果音がある。音源、音質、音量、音の強弱、音色などの多様性と変化は、驚きに値する。

ところが変わると音が変わる。楽器が変わると音が変わる。旅にかかわる場面だが、旅先でどのような音が耳に触れるのか、こうしたことを楽しみにしていた人がいる。箏曲《そうきょく》の宮城道雄だ。目が不自由だった彼の耳に注目したい。ヘレン・ケラーの手と耳においてクローズアップされてくる現実と環境や世界がある。ヘレン・ケラーにおいては接触体験と震動体験によって明るみへの道がかたちづくられたのである。

音といえば、環境であり、世界、風である。音とともに耳がクローズアップされてくる。いつも開かれている耳、耳は眠ることを知らない。私たちは、さまざまな音によってどんなにか救われてきたことだろう。夢見心地になるような音や音楽がある。だが、その場から逃げ出したくなるような騒音や雑音がある。沈黙という言葉がある。——音、沈黙と測り合えるほどに、これは武満徹の表現だ。

さまざまな音に耳を傾けていると音の万華鏡、音の宇宙、音の博物詩というような言葉を用いたくなる。色も形も、音も、光も明暗も、闇も、一筋縄ではいかない。

眺めていると私たちの感性と想像力に働きかけてくるような言葉がある。例えば、森―林―木、糸―絆―縁、音―闇―明暗……木や糸が入っているような文字、言葉があり、音が聴こえてくるような、聞こえてくるような言葉がある。耳が姿を見せる文字や言葉がある。声――旧字では聲だ。音と耳は不可分だが、音は耳ばかりではなく人間の五感に、身体、全身に、想像力に、感性にさまざまな状態で働きかけてくる。

人間は、身体によって、感性と想像力によって、記憶と世界体験、環境体験によって、人間と人間との触れ合いと人間関係によって、社会によって、環境と世界に巻きこまれているのである。音によってもそうなのだといえるだろう。命綱といえるような音がある。

人びとや他者との触れ合いや結びつき、絆、縁、人間関係によって、共同生活や集団生活によって私たちがそこで生活し、生存している環境や世界、現実が、なんと広々としたゆたかな舞台となっていることだろう。できるだけ広く深く人生の日々を生きるために他者との触れ合い、人びととの結びつき、絆が、きわめて重要だということを理解しない人はいないだろう。

意味世界を生きる、人生を旅する。

音や音環境に耳を澄ますことによって私たちの日常的体験と日常的世界、人間的現実、意味と意味世界は、まことに充実した意義深いものとなるのである。音によって生み出される人びと、それぞれの生活と生存の舞台と領域がある。

淡々として過ぎていく日々にそのまま身心を委ねつづけるのではなく、過去をふまえて、未来を展望しながら、日々、新たに生きることを決意して、人生を旅することの責任を自覚し、意欲的に情熱的に前進することに全力を傾注すること、それが生存なのだ。生と死を自覚しながら人間的時間、まさに意味世界を深く生きつづけることが、生存と呼ばれる人間の旅の姿、生き方なのである。人間は意味のなかでプラクシス（行為・実践）とポイエシス（制作・創造）のまっただなかで、人びとのなかで、道具や作品のかたわらで、いつも大地や風景、音風景と一体となりながら、人生の一日、一日を生きているのだ。

音は、人間の生成と存在、人間の生活と生存の次元なのであり、音とともに体験される、音によって生み出される現実や世界、舞台、音の大地や宇宙がある。

水と緑の人ルソー。実証哲学としての社会学を唱えたコントに学ぶ。

ジャン＝ジャック＝ルソーは、思索と思想において注目に値する業績を残したが、緑の発見者と呼ばれてきたルソーは、明らかに風景を見出した人物であり、さまざまなエセーのほかに小説を書き、音楽作品、作曲活動においても足跡を残している。オペラ「村の占師」や広く知られている「結んで開いて」という作品がある。ルソーのまなざしは、風景と大地に、姿を現す早朝の太陽に、さまざまな草花、植物に注がれている。彼は植物を大地の飾りと呼んでいる。ルソーの心と感性が傾いていたのは、けわしい山道、モミの木、山岳地帯の景色、森、湖水、無人島だった。

リヨン郊外でのこと、その川がローヌ川だったのか、ソーヌ川だったのかルソーの記憶はおぼろげだったが、水のほとりで、流れの近くでロシニョル、夜鶯の鳴き声に聴き入りながら、ルソーは、眠りにつく。ルソーの言葉がある（『告白』）。――「目を覚ますと水と緑と美しい景色」まるで印象派の画家の風景画を眺めているような気持ちになる表現だ。セーヌ川のほとりのさまざまな景色と絵画が目に浮かぶ。

目を閉じる。目を開ける。誰もが日々体験していることだが、眠りにつくことは、表現しがたいほど深々とした体験だ。闇の世界が訪れる。夢を見ることがある。夢、なかば旅に出たような気分になることもある。夢と呼ばれる現実がある。目覚める時の喜びや生存感がある。ヘラクレイトスは、「太陽は日ごとに新しい」という。日々がくりかえされるのではない。新たな一日がはじまるのだ。

淡々として過ぎていく日々、と書いたが、はたしてそうした日々があるのだろうか。深くもの思うならば、一日、一日は、さまざまなエピソードや出来事に満ち満ちた劇的な日々だとしかいいようがないだろう。

ルソーは、太陽と水と緑の人であり、風景の人だが、ルソーの思索とまなざし、耳にも彼の感性と想像力にも注目したい。

ところでルソーには「私は誰なのか」（「私は何者なのか」）という言葉がある。社会学や人間学など、さまざまな分野と領域においてルソーのこの言葉と真剣に向き合わないわけにはいかないだろう。

ルソーゆかりの土地がある。シャンベリの郊外、レ＝シャルメット、この地でのヴァランス夫人との夢のように楽しい日々がルソーの生活史にある。ルソーは、早朝、起床して、太陽が姿を見せるシーンに立ち合う。このレ＝シャルメットを訪れたことがある。山間部の傾斜地、林間のおだやかな大地の片隅にルソーの家、ヴァランス夫人の邸宅が姿を見せていた。この地でルソーは自然と緑と一体となりながら、自然のさまざまな音に耳を澄ましていたにちがいない。ルソーは、くるくるとまわるものに興味を示している。風車《かざぐるま》の音が彼の耳に触れていたはずだ。

ある時、私たちは、家族でルソーがそこで生活していたモンモランシを訪れたことがある。火が燃えるところがあったが、ルソーの耳にパチパチと燃える火の音が触れていたことだろう。このルソーの家の庭の片隅には石づくりのテーブルと椅子があった。

ルソーの小説、『新エロイーズ』（別名『ジュリー』）にはルソーの感性と想像力、またルソーの思想と方法が、生き生きとした状態で見出される。

パリのセーヌ左岸のパンテオンにはルソーが眠りについているところ（トポス）がある。トポスというギリシア語には家、部屋、坐席、場所などという意味とともに墓、墓地という意味がある。リュクサンヴール公園やソルボンヌ広場からパンテオンまでは近い。

パリのセーヌ左岸のソルボンヌ広場には、オーギュスト・コントの記念像が姿を見せている。高い台座の上にコントの胸像が飾られており、台座のふもとには人びとが数名、見られる。記念するという歴史の心がゆたかだったコントの思想と方法に共感して、コントに学ぶところが多大だったアランは、試みにソルボンヌ広場のコントの記念像のまわりをめぐってコントを理解することをすすめている。

荷風のパリ――〈生活の詩〉

永井荷風のパリ――荷風の『ふらんす物語』には、いよいよ明日はパリに別れを告げて日本へ帰国するという場面がある。パリの最後の一日が始まる。荷風の宿は、セーヌ左岸のパリの六区、カルチエ・ラタンにあり、荷風の耳にはソルボンヌの鐘の音が触れている。ソルボンヌ広場のコントの記念像に近い宿だ。人びとの生活の物音など、巷の音や声などが耳に触れる。最後の一日の過ごし方を案じていた『ふらんす物語』の主人公、この私は、意を決して、いつも訪れていたリュクサンヴール公園に向かう。メディチの泉のほとりはいつもの居場所だった。パリに別れを告げるこの私の目には子ども連れなど、さまざまな人びとの姿が映る。思い思いの姿を見せている人びとの生活情景を眺めて、私は〈生活の詩〉という言葉にめぐり会う。〈生活の詩〉――この言葉こそ社会学と人間学の原点をさし示しているといえるだろう。

生活の音、さまざまな物音は、〈生活の詩〉とひとつに結ばれているのである。人びとそれぞれの人生は、日常生活に凝縮されているのだ。社会的世界と風景的世界が、人びとのトポスと道、生活と生存の舞台となっているのである。

記念のトポス、歴史の舞台、トポスのなかのトポスということもできる。パンテオンのとあるところにシャヴァンヌが描いた絵画作品、「聖女ジェネヴィエーヴ」が姿を見せている。壁画の趣を見せている作品だ。あの灰色な深い静寂なシャヴァンヌの「冬」の色調、という島崎藤村の表現がある。

東京の荷風――『日和下駄』の一場面だが、ある日、荷風は、団子坂の観潮楼、森鷗外の居宅を訪れる。鷗外を待っているあいだに荷風の耳に触れた音、荷風が鷗外の部屋で聴いたさまざまな音がある。市井の、巷の声、鐘の音、暮色が深まっていく。そうした時に荷風の脳裏に浮かんだパリがあった。パンテオンのシャヴァンヌの絵画、「聖女ジェネヴィエーヴ」が思い出されたのである。荷風は、深い時間、人間的時間、いわば意味世界に身心を委ねている。

荷風の小説、『すみだ川』は、大川、隅田川がそのままモチーフとなっているような作品だが、荷風は、パリのセーヌ川を思い浮かべながら大川に近づき、大川を生きている。

絵画は時を超えて

絵画は残る。時代を超えて人びとの目に触れる。視界の創造、視界であり、視野、見ることに捧げられた祝祭、距離をとりながら生み出された距離を体験すること、光、明暗、闇、色と形、コンポジション、タッチ、画面の肌と表情、シュポール、主題・モチーフ、こうしたそれぞれを独自の現実および世界として体験すること——絵画および絵画体験とはこうしたことであり、こうした人間の営みだが、音は消えていく。音楽も消えていく。楽譜は残り、録音された状態の音や音楽は、再生されて人びとの耳に、身体に触れるが、生の音は、つぎつぎに消えていく。音の微妙な様相と音の印象と深さについてあらためて思いを深くするばかりだ。

シュポールとは支え、台、支持体を意味するフランス語であり、例えば壁、板、紙、カンヴァスなどをさす。音や音楽のシュポールとなっているのは、いったい何なのか。ここでは、自然と大地、風景と音風景、人びとの暮らし、生活、人間関係、社会をイメージしたいと思う。

人生の旅びとは、いずこにおいても宇宙的自然のもとで、大気、空気や光の助けを借りて、大地に身心を委ねながら一日、一日を生きている。大地は光とともに姿を見せているだけではない。闇の訪れがあり、暗闇と明暗が体験されてきた。光と明暗は、絵画の原風景であり、光の訪れは絵画の始まりだ。日常的世界は、さまざまな形や色やコンポジション、物質、質感、まことに多様な音や香り、匂い、味わいなどが体験される生活と生存の舞台と領域である。人間は、身体によって、五感と想像力、理性と知性によって、感性によって環境と世界に巻きこまれた状態で大地に住みついてきたのである。さまざまな環境や世界に身心を委ねながら、こうした環境や世界と対話して、環境や世界との相互的交流、相互的交渉のなかで、たえまなしにトポスと道を体験しつづけることによって、さまざまな現実と世界が構成、構築されつづけてきたといえるだろう。

目と太陽の人ゲーテの場合と「我々は何者か」という画家ゴーギャンの問い

古代ギリシアのデルポイのアポロンの神殿の言葉、〈汝自身を知れ〉という言葉に注目した人びとは数少なくないが、そうした人びとの一人、ゲーテは、〈汝自身を知れ〉という言葉によって人びとのまなざしがもっぱら人間そのものの方に傾いていったことを危惧して、世界の方へ歩みよらなければならない、という。人びとのなかで、社会において、世界において、という視点と方法が、目の人、目と太陽の人、ゲーテに見られたのである。

目で見て確かめることが、ゲーテの方法だった。イタリアの旅の一場面だが、ゲーテはヴェネツィアでゴンドラに乗って水の都の風景と風物を体験している。ゴンドラに揺られながらゲーテはヴェネツィア派の絵画を思い浮かべている。

ゲーテは明らかに絵画的印象の人だが、彼の耳にはヴェネツィアのさまざまな音が、この海と運河の水のヴェネツィアで触れていたはずだ。ゴンドラは、ヴェネツィアの肝心な視点とまなざしであり、ヴェネツィアの耳でもあるのだ。この水の都が、さまざまな運河と海に、また、いろいろな道と広場に、橋に、人びとの暮らしに、ヴェネツィアの建築や絵画や音楽に、音と音風景にあることに注目したい。

風景に関心を抱いていたコーニッシュは、風景を絵画的印象と呼ぶ。『日記』で名高いアミエルは、風景（景色）は、気分（心の状態）だ、と書いている。風景は、人生の旅びとが、容易に気分と思いと感性、想像力において自分自身を委ねることができる大地の眺め、人間にとっての支えなのだ。

この風景は自分だけの風景だと思っている人びとがいるだろう。サルトルがあるところで書いているが、自分にとってなじみの風景だと思っている地に誰かが踏みこんだとしたら、風景が盗まれてしまったと思う人がいても不思議ではない。自分の居場所、座席、いわばトポス、また、いつもの道となっているような風景がある。

ロマン・ロランがブルターニュ地方を旅した時のことだったが、あるところで彼は、風景が自分自身から始まっている（広がっている）かのように感じたのだった。

このブルターニュ地方の大地と風景、人びと（の暮らし）などを描いて、やがてタヒチ島に渡って、タヒチで絵画作品を制作したゴーギャン、タヒチでの作品のなかに「われわれはどこから来たのか、われわれは何者か、われわれはどこに行くのか」と題された大作、ゴーギャンの代表作がある。

光と闇と音、耳を澄まして

あらゆる絵画は、光とともに、光のなかにあるが、さまざまな明暗や闇とともに、いろいろな光とともに姿、形、色が、コンポジションなどが浮かび上ってくる光景、光の訪れ、それが絵画なのだ。だが、絵画において光と影、暗がり、暗闇を体験することは、光の体験とともに重要だ。

レンブラントの「夜警」、彼の代表作だが、この絵画を耳を澄まして鑑賞しなければならない。画面や絵画から音が排除されているわけではない。人びとがそこで人生の日々を旅してきた生活環境、居住環境、行動と行為の環境と舞台、人間の生活と生存の舞台と領域、日常的世界は、いつの時代であろうと、つねに音とともにあったのであり、静寂や沈黙の状態を含めて、音環境と呼ぶことができない環境はなかったといっても過言ではないだろう。音なしの生活、音を立てない日々、音から切り離されたトポスや道、環境や世界はないのだ。無音の状態を科学や技術の力を借りてつくり出すことができたとしても、そうした状態と環境は、日常的で現実的な姿ではない。

人生を旅するということは、いずこにおいても、なんらかの音を体験するということだ。音の壁が人びとの行動と生活の空間や場所に生まれてしまい、音の遠近感や静かな音を体験することが時代とともに困難になってきたように思われるが、音の壁によって取り囲まれた状態で人間の生活と生存を維持していくことはできない。

静寂と沈黙について思いを深くして音のさまざまな様相について耳を澄ましながら環境の音＝音風景をできるだけ広く深く体験することが、この現代においておおいに必要とされているのである。「夜警」においてはレンブラントの闇と光が体験されるばかりか、さまざまな音が私たちの耳に触れる。絵画史を見ると描かれた楽器が目に触れるが、楽器の音や響き、人の聲（声）、さまざまな物音、生活の音、自然の音などに耳を傾けて、耳を澄ましながら画面の隅々までゆっくりと散策しなければならない。

絵画作品や画面は、明らかに光の、明暗の庭であり、形と色彩の庭だ。こうした庭は、音や響の庭でもあり、〈耳を澄まして〉という方法は、絵画と呼ばれる世界体験、意味世界の旅においてどうしても必要とされるのである。

自然と文化が結ばれて

庭、庭園――自然と文化と人間の結晶であり、整えられた道とトポス（限定された空間、意味が与えられた、人びとのさまざまな思いやヴィジョン、記憶などが渦巻いている舞台と世界）――こうした庭園は、もともとの意味において楽園《パラダイス》であり、庭、庭園の音や音風景がある。耳を澄まして大地の特別な場所と舞台を広く深く体験したいと思う。流れ落ちる水、流れゆく水、池のさざ波、鹿《し》おどし（添水、僧都）、水琴窟、風の音、雨音……宇宙的自然と大地は、人間の夢やヴィジョン、思い、記憶、空間感覚、造形感覚、風景感覚、歴史的伝統と結ばれて、さまざまな庭、庭園となってきたのである。

借景が姿を見せている庭園がある。和風、日本風、イギリス風、フランス風……などさまざまな方法による独自の庭園文化がある。

風《かぜ》はあくまでも自然だが、文化や方法、様式となった風（かぜ・ふう）がある。さまざまな風があるが、風という文字、言葉には注目しなければならないところがいくつもあるように思われる。宇宙的自然と大地は、風とともにある。ほとんど無風という状態があるが、人生の旅びとは、ほとんどいつもさまざまな風とともに生活しながら生存しているのである。

大地に姿を見せているトポスと道、人びとのさまざまな生活と生存の舞台、庭や庭園、地形や地勢、陸水、海岸などの状態と光景、風景、景観は、きわめて多様、多彩だが、いずこにおいても人びとによってさまざまな音と音風景が体験されてきたのである。音とともに音楽に耳を澄ますならば、人間の生存圏、生活と生存の舞台と領域、人間的世界は、なんと大きな広がりを見せることだろう。

ハンナ・アレントの活動的生活《ヴィタ・アクティバ》＝「人間の条件」としての労働・仕事・協調的活動

人間は生命の輝きであり、人生の旅びとだ。人生の日々と旅路、人生行路において生命の輝きを増していくためには、いったいどうすればよいのか。誰もがいつもそれに巻きこまれている環境と触れ合い、交わり、環境と対話しながら日常的体験をふまえながら時間的で空間的な人間的世界を築きつづけていくことが必要とされているのだ。他者との、人びととの触れ合いと交わり、交流、風景、音風景の体験、作品体験、旅体験などによって人生の旅びとは、人間的時間と一体となって意味のなかで生きることができる。意味のなかでとは、人生を広く深く意欲的に情熱的に、ということだ。現在と瞬時だけが人間の思索と行動の舞台ではない。過去を生きながら未来を展望し、思い出や回想、追想、追憶、記憶、ヴィジョン、展望によって一日、一日を心新たに生き生きと生きるところに人間の使命が見出されるのである。

平凡な日常生活という言葉がある。——trivial round of daily life 日常生活が平凡な状態で、いつもどおりに営まれていることに安心と幸福感を感じている人びとがいるのではないかと思われるが、日常生活にはさまざまなドラマや思いもかけないことが満ち満ちており、不安と苦悩と定めなさ（パスカルがいう人間の条件だ）が痛切に感じられる日々もある。力を出して、勇気をふるって前へ――誰もが願うことだろう。考える葦（パスカル）ではあっても人間は風にそよぐ葦（パスカル）だ。どうしてもさまざまなサポートと支え、よりどころが人間には必要だ。

人間の条件を人間が条件づけられていることとして理解したハンナ・アレントは、生命を維持するための労働、作品を制作するための仕事、公共的生活を構築するための協調的活動を指摘して、こうした三側面を活動的生活 **vita activa** という言葉で統合している。人びとの相互的な結束と共同生活において、労働において、道具において、作品において人間は、まさに人間なのだ。道具をつくり、道具を用いる、作品を制作して残す、まさに人間といえるだろう。ジンメルは、家を建てること、道をつくること、橋を架けることにおいて人間をイメージしている。

さまざまな社会的遺産や文化、文明をどのように継承しながら社会をかたちづくり、人びと、それぞれの日常生活と人生を相互に共同しながら、たがいに支え合いながら築いていくのかということが、人生の旅びとにとっては日常的な課題なのだ。

幸福 **Glück** という言葉に特別な思いを抱いていたヘルマン・ヘッセは、人間的体験、精神的体験、風景体験という言葉を用いながら体験を、いわば意味領域を展望している。ベートーヴェンの「田園交響曲」を傾聴することは精神的体験だが、このシンフォニーには風景が姿を見せており、耳を澄ましながら森や林間の風景を体験しているということもできる。体験の諸領域は相互に微妙に重なり合っているといえるだろう。

「田園」のベートーヴェンとヴィヴァルディの「四季」の風

オーストリアのウィーンを訪れていた時、私たちは、家族三人で市電でウィーン郊外のハイリゲンシュタットに向かい、その地でベートーヴェンの家を訪れて、貴重な音楽空間とトポスを体験してから近くの森へ向かった。いくらか凍りがちの道を歩きながら田園のベートーヴェンの姿を思い浮かべたのだった。耳が不自由な状態にあった彼の姿と心境、つらい思いに心を動かされない人はいないだろう。

ところが変わってヴェネツィア、ヴィヴァルディの「四季」は、ヴェネツィアの音楽だ。私たちは、ヴェネツィアを旅していた時、ヴェネツィアの教会でこの「四季」の演奏会に出かけて「四季」の音風景（サウンドスケープ）に耳を澄ましたことがある。「四季」には風が楽曲のなかに入っており、風の音が耳に触れたのである。

時が移って、二〇一一年三月五日（土曜日）ミューザ川崎、コンサートホールでヴィヴァルディの「四季」のコンサートに耳を傾ける。ヴァイオリンの演奏者は、千住真理子さん、ＮＨＫ交響楽団の選抜メンバーとの演奏だった。翌三月六日（日曜日）こんどは横浜のみなとみらいのコンサートホールでつづいて同一の演奏者、メンバーで「四季」に耳を澄ます。同一曲目、同一の演奏者であってもコンサートホールが異なると空間の様相や音響空間の相違によって、おのずから異なった音宇宙、音楽世界、音の地平、印象が体験される。この二日間にわたる音楽体験は、貴重な世界体験となった。「四季」の世界の地平は広い。さまざまな風が耳に触れたのである。

音響空間や環境や場所が変わると音の響きや音の遠近感、音質、音量などに違いが生まれる。

ゲーテ街道の旅から

ドイツにはゲーテ街道と呼ばれる街道がある。ワイマルのゲーテ、ワイマルにはゲーテとシラーの姿が見え隠れしている。この街道に沿ったアイゼナハにはバッハの家がある。アイゼナハの森を抜けた山の尾根にあたるところにはルターがその一室で日々を過ごしていたヴァルトブルク城がある。ワグナーの楽劇の舞台となった城だ。私たちは、この城のほとんど真下近くのホテルに宿泊したが、雪景色や太々としたつららを静寂のなかで体験して、ルターやワグナーのシーンに近づいたのだった。ワイマルのホテルは、市の中心広場に面したホテル・エレファントだった。ある時、ベンヤミンがこのホテルに宿泊して、たまたま窓から広場を眺めている。広場に屋台が用意されて、やがて市場がオープンする様子を動きまわる人びとや音とともにベンヤミンが書き残している。

ゲーテ街道の旅では初めにマールブルクへ、三木清が留学したことがあるマールブルク大学、大学町だ。私たちはマールブルクの中心広場に面した〈太陽〉というホテルに宿泊したが、宿泊階の最下層、入口から入ったところは、レストラン・ビアホールだった。私たちの客室は上の方、木組みが壁に姿を見せていた。〈太陽〉のさまざまな片隅、場所での音体験がある。クリスマスのシーズンで広場にはさまざまな屋台が出ており、市場の風景、音の風景、人と人との出会いと触れ合い、声、物音などが体験されたのである。私たちはラーン川のほとりに出て、流れゆく水と河畔の静かな風景を三人で体験したのだった。マールブルクは、雪の日だった。三木は、オットーやハイデッガーの教示にあずかっている。やがてドイツを去った三木は、パリへ、凱旋門の近くに居住して、フランスのモラリストたち、モンテーニュなどに親しむが、三木が本格的に取り組んだのは、パスカルの研究だった。

私たちは、マールブルクからアイゼナハへ、そしてワイマルへ、ゲーテやシラーゆかりの地を訪れる。そしてライプツィヒに向かい、感覚と感性の研究者、ペーター・ルックナー先生の特別な親切にあずかることとなった。ハレの教育と研究の舞台へ。また、ハレのハイドンゆかりの地へ。二家族、六人でライプツィヒのゲバントハウス、コンサートホールへ。――ライプツィヒ大学は、若き日、ゲーテが学んだ大学だ。私たちはゲーテの『ファウスト』の一場面に姿を見せている居酒屋・料理店に足を運ぶ。『ファウスト』の光景が目に触れたのである。ライプツィヒの市街地にはゲーテ像が姿を見せていた。私たちは、バッハゆかりの教会、聖トーマス教会を訪れた。まさしくバッハの地であり場所だ。

少しもどるが私たちのワイマル、クリスマスの季節で広場にはさまざまな店が出ており、広場の片隅には、せまいながらも子どもたちのために小さな遊園地が臨時に出来ており、乗物が動く音や子どもたちのにぎやかな声などが私たちの耳に触れたのだった。旅の日々は消えない。さまざまな音は、耳底に残っている。

初めに行為があった

ところでゲーテ、『ファウスト』の一場面、ファウストが思い悩むシーンだ。――初めに言葉があったのか（『ヨハネ福音書』の言葉だ）。あるいは初めに意味があったのか。それとも初めに力があったのか。悩み果てた末にファウストは、ようやく解答にたどり着く。――「初めに行為があった」。ゲーテには行為の生産性という言葉がある。

ゲーテ街道ゆかりの地に生まれたマックス・ウェーバーがゲーテに関心を抱いていたとしても不思議ではない。行為は、マックス・ウェーバーの視点と方法となっている。音と音楽、楽器、記譜法へのアプローチとして音楽社会学がイメージされる彼の仕事と考察に注目していきたいと思う。ゲーテ街道に沿った地方にはハイドンも、バッハも、ゲーテも、ワグナーも、ルターも姿を見せている。マールブルク、アイゼナハ、ワイマル、いずれの地でも私たちは、雪模様の天候を体験したのだった。静寂のなかのさまざまな音が、ところによってはにぎやかな音が、私たちの耳に触れたのである。雪の日の音風景がある。

『ファウスト』の一場面——言葉も、意味も、力も、行為も、人生の旅びとにとっては、ことごとく深い意味を持っている。言葉によって、意味によって、行為によって、さまざまな力によって人間と人間はつながり合っており、支え合っているのである。

言葉の力、意味の力、声や音声の力がある。自然の力、太陽の力、色彩力、音楽の力、音の力、さまざまな力に支えられて私たちは人生を旅している。モンテーニュは、言葉によって人間はつながり合っている、という。ハイデッガーは、言葉を存在の家と呼ぶ。彼は人間存在の本質を実存として理解している。——世界—内—存在、共同相互存在、死への存在、いずれもハイデッガーの表現だ。

サルトルは、人間の社会が歴史的である理由は、人びとが過去を記念碑として取り戻すからだ、と述べている。ピエールの不在は、カフェのテーブルや椅子との関係においてではなく、テレーズとの関係において不在が確認されるのである。カフェの音空間と音風景があるが、音風景の座標原点ともいえるのは、人間の声（聲）と風の音だろう。

音のシュポール＝支え、台、支持体となっているのは、人間の身体と大地、大気、空気、風ではないだろうか。メーテルリンクは、香りを空気の飾りと呼んでいる。メーテルリンクは、日常生活と日常的なものに深い意義を見出している。メーテルリンクには生の哲学への方向性が見られるように思う。彼のまなざしは、ごく身近なこと、日常的なもの、道端などに注がれている。人生においてほんとうに大切なもの、大切なことは、身近なところに見出されるのだ。

生の哲学アルファとオメガ

フランス哲学について考察した西田幾多郎は、体系的ではないが大切な着眼点が見出されるモンテーニュの思想『エセー』に注目して、モンテーニュに親近感を抱いていた哲学者、ライフ life の研究者である。西田にはフランス語、サンス sens には、sense とも Sinn とも異なる独特の語感、ニュアンスがあるように感じられたのである。こうして彼は、日常的世界は、哲学のアルファ、オメガだ、という。社会学や人間学においても音や音風景の研究においても、まず日常的世界と日常生活における音に耳を傾けなければならない。身近な生活音、物音、部屋のなかの音、家まわりの音、庭の音、家の片隅、片隅の音、音の風景、台所の音、テレビや電話の音、さまざまな装置や器具などの音、ブザーの音、枚挙にいとまがない。ＣＤの音楽、人間が発するさまざまな音、特別に耳に触れるのは、人間の声・聲だ。あらゆる音のなかでもっとも気になる音、魅力的な音となると人間の声ではないだろうか。言葉を発する話し声、独唱、合唱、斉唱の声、歌う声には特別な力と人間的な生命力、みごとなる表情がそなわっているように感じられる。俳句や短歌を披露する声がある。詠唱という言葉がある。俳句や短歌の作品において体験されるさまざまな音がある。

ざわめきとしての「家庭交響曲」

ロラン・バルトには家庭交響曲という言葉がある。家の内外で耳に触れるさまざまな音は、まるでシンフォニーのように聴取されるのだ。ロラン・バルトは、聴取やテリトリーについてパリのコレージュ・ド・フランスで講義しているが、その時、バルトは、フランツ・カフカの音にかかわる記述（それはカフカの耳に触れた家のなかの物音についての文章だった）を紹介して、アパルトマンや自宅・家で耳に触れる音、物音の比較を試みている。音の風景という言葉がバルトによって用いられている。

バルトは、日本の俳句や生け花について自分の思いを文章に残している。

パリに注がれたバルトのまなざしがある。パリ土産となっているエッフェル塔にバルトのやさしいまなざしが注がれている。バルトの幼年時にフランスの南西部のバイヨンヌが大切な地として姿を現しているが、そのバイヨンヌを家族で訪れたことがある。バルトが愛惜の念を抱いていたバイヨンヌで私たちは、フランス南西部の光と大地、バイヨンヌの風景と音風景を体験したのである。私たちは、スペインのマドリードから列車でピレネー山脈を越えてフランスに入り、乗り換えてバルトゆかりの大地へと向かったのである。

風の音と人間の声

人間の声は、驚くばかりに多様であり、個性的だ。声質という言葉がある。ビロードのような声、かん高い声、太々とした声、聴こえるか聴こえないかというような声、ソプラノ、アルト、テノール、バスのそれぞれの声、張り上げられた声、いつまでも忘れることが出来ない声、声楽の領域に耳を傾けたいが、日常生活では、声はいつもきわめて重要だ。ジャン・コクトオは、忘れがたい特別な声としてマルセル・プルーストの声について書いている。

風の音と人間の声は、さまざまな音のなかでも基軸となる音ではないだろうか。肉声があり、録音された音声がある。肉声には表現しがたい味わいと魅力、独特の雰囲気があり、夢見心地に誘われるような声がある。深みをたたえた声や忘れがたい声がある。

声、旧字では聲だが、この旧字には耳という文字が入っている。音といえば、ただちに耳だが、耳を中心として音を聞く、聴く、傾聴する、耳を澄まして、という時には耳だけではなく想像力を含めて人間の五感や身体、全身が動員されているのだといっても過言ではないだろう。聴き入る、耳を澄まして、という時には音楽がイメージされるかもしれないが、虫の鳴き声や雨音、流れていく水の音、風の音、人の声などに傾聴する場合がある。耳という文字が姿を見せる文字がいろいろある。聲は耳と一体的だ。眺めていると感性や想像力に働きかけてくるような文字や言葉がある。――森・林・木・糸・絆、また、例えば繭。人間は、さまざまな方法で自分自身を委ねることができるような繭をつくりつづけているのではないかと思う。

住まうこと、旅することは、生成と存在、生活と生存において中心的な人間の営みではないだろうか。サン＝テグジュペリは人間を住まう者と呼ぶ。ハイデッガーは、命に限りがある状態で大地に住まう者として人間をとらえている。人間は、ハイデッガーにおいては世界―内―存在、共同相互存在、死への存在なのだ。天と地のあいだ、生と死のあいだ、楽と苦のあいだ……。こうしたさまざまなあいだこそハイデッガーがいう世界、いわば人間にとっての家なのだ。

「生きている詩」「生きている大地」の音風景

大地――ルソーは大地を人類の島と呼ぶ。モーリス・メルロ＝ポンティが見るところでは大地は空間と時間の母胎なのだ。地球を生きている詩、生きている大地と呼んだ人物がいる。その作品、『森の生活』（『ウォールデン』）のなかに「音」と題されたパートを用意したH・D・ソローである。

マリー・シェーファーによって音風景、サウンドスケープ研究が創始されたが、音へのアプローチは、さかのぼっていくとソローやルソーなどにおいて、その扉が開かれ始めていることに注目したい。ソローは、みごとなまでに耳の証人なのだ。だが、人生の旅びと誰もが、心がけ次第で耳の証人に近づくことができるだろう。耳を澄ますということは宇宙的自然や大地や風景、歴史的伝統や文化や文明、環境と世界に身心を委ねながら時間と空間を、人生の日々と人生を深く深く、広々と生きることなのである。日常性に心を傾けながら日々の体験を一層ゆたかに活性化させていくことは、私たちにとって大切な使命なのだ。自然の音、文化の音、文明の音、人間の音がある。

ところで風という文字と言葉を目にして人びとの感性はどのように働き、人びとの想像力はどのようにふくらんでいくのだろうか。想像力を第六番目の感覚と呼ぶことがある。

風という文字には天空や宇宙と虫という文字が入っているように感じられる。虫は、宇宙的自然とともに、大地とともに、人びとのなかに姿を見せる。

ユクスキュルには環境世界（環世界とも訳す）という言葉がある。知覚、行動、それぞれを軸として生物それぞれの環境世界像がある。人間にはシンボリック・リアリティがあり、人間独自の意味世界が人間の生存の領域と舞台となっているのである。現象学のフッサールには生活世界（レーベンスヴェルト）という言葉がある。意味が支柱と射程となっている方法、それが現象学だ。

人間は根源的に生命力だ。息を吹きこむと音が生まれる楽器がある。口を開いて声を出すということは驚くべきことだと思う。沈黙には底知れぬ深さがある。叫び声がある。言葉にならないような気持ちがある。告げ知らせるような音や声がある。人びとの日常生活と人生は、さまざまな音や声（聲）によって方向づけられて＝意味づけられてきたのである。人びとを勇気づける音や声がある。さまざまな音によって私たちの日常的な行動と行為が支えられてきた。時の流れにおいて消えていった音があるし、新たに生まれた音がある。さまざまな人工音が巷にあふれている。騒音や雑音が耳に触れる。虫の音が聴こえてくる。水の流れる音に耳を澄ますことがある。森や林のなかで林間を渡る風の音やさまざまな鳥の声、虫の声が体験されることがある。

蝉時雨《せみしぐれ》と風琴

二〇一一年七月一九日、私たちは長岡から岩室に到着した。いったん新潟に出て、そこから越後線で岩室へ。北国街道沿いの温泉地だ。私たちは岩室から近くの弥彦へ、新潟県一の宮、弥彦神社に参拝してからロープウェイで弥彦山頂へ。東京スカイツリーとこの山は同じ高さとのこと。弥彦山頂から日本海の大海原のかなたに佐渡を望むことができた。山頂には紫陽花《あじさい》が咲き乱れていた。佐渡島《さどがしま》は、水平線に横たわっていたが、みごとなアイ・ストップとなっていた。

弥彦神社の境内での音体験、音風景、かなかな蟬の大合唱が耳に触れたことを思い出す。蟬時雨という言葉があるが、まさにかなかな時雨が体験されたのである。自然の恵みによって身も心も癒されたのだった。

高村光太郎には木彫の作品で蟬を主題とした広く知られた作品がある。彼は蟬を風琴と呼んでいる。自然のさまざまな音やリズムを耳にしていると音楽がイメージされる場合がある。

リズムは意味であり、方向だ、といった人物がいる。メキシコの詩人、オクタビオ・パスだ。彼は、人間は実体を欠いている、といったオルテガ・イ・ガセーの言説に共感している。人間は、引きしぼられて飛んでいく矢なのだ。人間は、ここに留まってはいない。リズムは、人びとの生活に深く入りこんでいる。ノヴァーリスは、リズムを方法として理解している。

ところでイタリアのルイジ・ルッソロは、雑音を発する楽器、イントルナモーリを発明しているが、未来派の活動の場面である。地下鉄の車内で雑音を耳にして、そうした音を作曲において生かすことを着想した人物がいる。武満徹である。

自然音、雑音、騒音、まことにさまざまな音によって音風景が生まれている。生起する現象、それが音なのだ。いま、人びとは、どのような音に耳を澄ましているのだろうか。家庭交響曲のなかで人間の声は、いまどのように位置づけられているのか。家のなかで大切な人びとの声が、やさしく耳に触れているのだろうか。いま、人びとは家族全員で食卓を囲み、心おだやかな日々の触れ合いのなかで家庭を築く営みに全員で参加しているか、どうか、不安が残る。

「風の花《アネモネ》」の人

古代ギリシアの時代から今日にいたるまでさまざまな人間観、人間像が見られたことは広く知られている。アリストテレスは、人間をポリス的動物として理解したが、カッシーラーは、こうしたアリストテレスを視野に入れたうえで、アリストテレスをこえて先へ、という意図で人間をシンボルを操作する動物と呼ぶ。ルソーにおいては自然人、社会人が姿を見せる。ゲーテは、『ファウスト』においてひとつの人間像を描き出す。

人間へのアプローチにおいて人間という言葉にこだわった人物がいた。モンテーニュだ。パスカルにおいては人間は考える葦だった。「われ思う、ゆえにわれあり」――こうしたデカルトにおいて姿を見せる人間像がある。

ショーペンハウアーは、人間を生への意志と呼ぶ。ショーペンハウアーがギリシア語とラテン語の二、三の言葉に注目しながら考察をおこなっているシーンがある。

ショーペンハウアーは、アネモネについては特に述べていないが、アネモネは、ギリシア語ではアネモーネーだ。アネモネは風の花だ。ショーペンハウアーは、ギリシア語の風については言及している。

意志と知性と生命とのあいだの真の関係についてのある種の感じは、ラテン語においても言い表されている、とショーペンハウアーは、いう。知性とは mens だが、これにたいして意志は animus だ。意志 animus は anima に由来する。この anima という言葉は、ギリシア語 anemos / Άνεμος アネモス、風に由来する。anima アニマとは生命そのものであり、息であって、心・魂だ。そして animus とは生命賦与原理であり、同時に意志、いわばもろもろの傾向、意図、情念、感情の主体でもある、とショーペンハウアーは論述している。ショーペンハウアーは、ギリシア語、ラテン語のつながりに注目しながら生への意志として人間を理解する道をたどったのである（『ショーペンハウアー全集　6　意志と表象としての世界・続編　Ⅱ』塩屋竹男・岩波哲男・飯島宗享訳、白水社、八三ページ、参照）。ギリシア語、アネモス→ラテン語、アニマ→ラテン語、アニムス、こうした流れにおいて生命、息、心・魂、生命賦与原理、意志がクローズアップされてくる。スタートラインにおいては、アネモス、風だ。風においては明らかに人間がイメージされる。風は明らかに宇宙的自然や大地とともにある。風にちなんだ言葉は、大きな広がりを見せている。――風景、風土、風光、風物詩、風俗、風貌、画風、校風、社風、和風、洋風、日本風、イギリス風、フランス風、風致地区……なんとさまざまな言葉が次々に姿を見せることだろう。

風とは、風力であり、風向、風景だ。風景は大地の眺め、光景である。風は自然のエッセンス、自然そのものだが、人間にかかわるさまざまな事象や営み、出来事などが、風という文字、言葉と深く結びついている。文化は、風とともにある。風に根ざしているといってもよいだろう。自然と人間は、風によってしっかりと結ばれており、自然も、人間も、人びとの生活や文化も、風のうちにあるのだといえるだろう。環境も、世界も、自然も、大地も、生活も、文化も、風によって貫かれているのである。

風とともに去りぬという表現があるが、風とともに留まるものがある。風に運ばれて耳に触れる音がある。風の力と助けを借りて音が生まれる楽器がある。手風琴、アコーデオンがある。さまざまな笛の音がある。立ち昇るような笛の音もある。風を送りこんで音が出る楽器に注目したい。

パイプオルガンの音色を石の森、大聖堂を舞台とした風の音と呼ぶことができるだろう。竹林のなかを吹き抜ける風の音――尺八の音色をこのように表現する場合がある。

古代ギリシアの一場面だが、風が吹いてくると自然に鳴り出す琴をアイオロスの琴と呼ぶ。ノヴァーリスが、アイオロスの琴、という言葉を用いている。ノヴァーリスは、人間は、風琴だ、という。

水音と水中花と水草の花

『藤村詩集』序詩の一部――次のような言葉がつづいている。――「生命は力なり。力は聲なり。聲は言葉なり。新しき言葉はすなわち新しき生涯なり」。信州、馬籠《まごめ》の藤村記念館でのメモによるものだ。馬籠は、かつては水が不足していたところだったが、いま、この宿場の道筋、道端にはごく狭い水路があり、水が流れていく水音が耳にやさしい。水車がまわっている。藤村の時代、石臼の音が人びとの耳に触れていた。宿場の音風景がある。藤村は水の音に耳を傾けることを望んでいた人だ。

家庭交響音のロラン・バルトが俳句について述べているところだが、バルトは、俳句を水に入れない水中花と呼ぶ。彼は、俳句は一度だけ鳴る澄んだ鈴の音のようなもの、という。俳句の単語は、水中にただ何の目的もなく投げこまれた石のようなものだ。水面の波紋をじっとみつめるのではなく、ぽちゃんという音を受け取る、ただそれだけのこと。フランス、パリのコレージュ・ド・フランスでの講義の一場面だ（『ロラン・バルト講義集成　3　小説の準備』石井洋二郎訳、筑摩書房、一九七九年一月〜三月、この期間の講義だ）。ロラン・バルトの絵画がある。私たちは、パリのポンピドーセンターで〈ロラン・バルト展〉を訪れる機会があったが、彼の絵画はリズムと音楽が体験されるような画面だった。バルトには描く楽しみがあった。

水中花といえばマルセル・プルーストの『失われた時を求めて』だ。水中花には日本の文化が姿を現している。モネが描く『睡蓮』において体験される静寂がある。永井荷風は、好きな花は、と問われて、水草の花、と答えている。好きな色は、荷風は、青、薄墨もよし、と書く（大正三年八月「文章世界」）。

風の彫刻家イサム・ノグチ

パリでルーマニア出身の彫刻家、ブランクーシのもとで彫刻の道をたどり、後に風の彫刻家とも呼ばれて大地と環境を彫刻したイサム・ノグチ、彼の生活史には四国、香川県の牟礼が姿を見せている。屋島が借景となっているようなところだ。この牟礼のイサム・ノグチ庭園美術館を二度、訪れたが、イサム・ノグチのまさに風景彫刻を思い浮かべている。さまざまな石に取り組みながら、彼は大地を彫刻している。

牟礼のノグチの家には「大地の風　#1」と題された長く横たわっている棒状の石の彫刻が姿を見せていた。シンプルな庭だったが、風の大地と風が体験されたのだった。大地と風と風景——イサム・ノグチのモチーフだが、ノグチは、あかりシリーズとも呼ぶことができる照明デザインにも取り組む。牟礼のノグチの家のとある空間には彫刻作品が飾られていたが、おそらくは民族楽器かと思われる打楽器が、部屋のなかに吊り下げられていた。竹製の木琴風の楽器だった。風が吹いてくると音が鳴り出しそうにも感じられた。

庭、縁側——縁側近くの庭に備えられている手水鉢《ちょうずばち》を蹲《つくばい》と呼ぶ。東京の最高裁判所の庭にイサム・ノグチの彫刻作品、「蹲」が飾られている。ある時、最高裁判所を設計した建築家の案内でグループで建築と庭と彫刻作品などを参観、鑑賞する機会があり、そのおりにイサム・ノグチの「蹲」を目のあたりにすることができた。石と水の風景だった。

消えた音、残った響き

仙台の宮城県立美術館のフロント、正面入口に向かうところにはダニ・カラヴァンの列柱などが姿を見せているが、水琴窟が仕組まれている列柱の地点がある。水琴窟は、耳を澄まして、音へ、という態度が求められるところだ。

京都の詩仙堂は、鹿おどし《しし》（添水、僧都）でも知られるところだが、鹿おどしにおいては水と竹と石である。カーン、という乾いたような音が耳に触れる。一定の間隔、独特のリズムが体験される庭だ。鹿おどしを水と竹と石の音の文化と呼びたい。大気をつき破るような音のトポスだ。

京都、龍安寺――イサム・ノグチも、ジョン・ケージも、また、数多くの人びとや旅びとがこの寺の石庭の空間とトポスを体験してきた。ジョン・ケージには、龍安寺をモチーフとした作品、作曲がある。イサム・ノグチは、龍安寺に強い印象を受けている。

ジョン・ケージには「4分33秒」と題された作品がある。ピアニストがステージに現れてピアノを前にして椅子に腰かける。四分三三秒のあいだ、ピアノの音は流れない。聴衆の耳にはピアノの音も音楽も触れない。四分三三秒たって演奏者はピアノから離れて、姿を消す。聴衆の耳には、ざわめきやそのほかさまざまな環境の音が触れていたのである。音のシーンとしては衝撃的な光景だ。

音は、まことに微妙であり、ある意味ではとらえどころがない。手で触れてそれが何であるかを確かめることができる。ポール・ヴァレリーは、手で触って確認することによって現実が体験される、という。手によってもたらされる現実感は、重要だ。触れることは、さまざまな体験の焦点であり、中心点だ。

耳を澄まして、ということは、積極的に音に触れることだが、たえまなしにさまざまな音が耳に触れはするものの、音は目に見えないし、音そのものに手で触れることはできない。だが振動する音に手で触れることはできる。

ヘレン・ケラーは、接触体験と振動体験によって光のなかに立つことができ、さまざまな現実感を体験しているが、ピアノの音色や音楽を体験する時には、ピアノのそばに身を寄せて、ピアノに手で触れながら全身でピアノと音に触れたのである。

さまざまな音を正確に言葉で表現することはきわめて困難だ。ラッパの音色、ピアノの音色、シンフォニーの音色や響、つやなどといっても、まことに微妙であり、ラッパの音色もまことに多彩だ。音の深みの極致、それが音楽だと思う。風の音、流れゆく水の音といっても言葉で表現することは難しい。擬音語や擬態語、オノマトペはあるが、音そのものには、言葉や表現をはるかに超えた広がりと様相がある。消えていく音の底知れぬ深さと無限性がある。

森羅万象のなかの音標《おとしるべ》

森羅万象、環境や世界、宇宙的自然と大地、人間の生活と生存、人生が、風とともにあり、風によって貫かれているように感じられる。頼りになる風もあるが、手強い風もある。あくまでも自然としかいいようがない風、また、人間の姿や生活が浮かび漂っているような風、文化と呼びたくなる風がある。人間においても、日々の暮らしや生活文化においても風をイメージしないわけにはいかない。屋敷林、富山県の砺波《となみ》平野の散居集落ではカイニョと呼ばれてきた屋敷林は、防風林であり、また人びとに安堵感をもたらしてくれる自然景観、生活文化の景観だが、屋敷林によって風の音もしずまるのである。

柳田國男は、「庭園芸術の発生」について考察した時にこうした屋敷林についても言及しているが、柳田は、「いささ小川のせせらぎの音」によってそこに住んでいる人びとに安堵感がもたらされていた、と述べている。静かに、やさしく耳に触れる音によって生まれる生活と居住の環境とトポス（住居・家・場所）がある。柳田は、あるところで市の聲、山の聲という言葉を用いているが、人びとの生活や大地の地点や場所などを理解しようとする時には音は有力な手がかりとなるのである。

陶芸家、河井寛次郎は、自分の生活と生活史を回想した時、音標《おとしるべ》という言葉を用いている。季節の到来や自然や環境の移り変わりを告げ知らせてくれる音、まさに音標がある。激しく変わりゆく現代、人びとは、音標にどれほど耳を澄ましているのだろうか。季節と季節感は、空の色や空に浮かぶ雲の姿と形、草花、樹木の姿、木の葉、さまざまな風、さまざまな色や形によって体験されてきたが、季節感が体験される音がある。風が吹いてくる方向や風の強弱の状態が変わると森や林のなかや森の近くで体験される音にも変化が見られる。風は風力、風向そのものだ。屋敷林や風車などによってイメージされる風がある。屋敷林や風車、風車小屋などは、風景、景観となった風であり、それらは風の風景なのだ。吹流しや旗、また、風見鶏、それらも風の風景であり、風を待ち受けているような大地の片隅、特別なトポスがある。かつて南フランスのドーデの風車小屋を訪れたことがある。

パリ、モンマルトルの丘に風車がいくつも見られた時代がある。ゴッホは、パリ時代、モンマルトルの風車を描いている。モンマルトルの丘にかつてムーラン＝ド＝ラ＝ギャレットと呼ばれた人びとの楽しみの舞台があった。ルノワールが、ここに集ってダンスを楽しんだり、談笑したりしている人びとを描いている。人びとの話し声やダンス音楽が耳に触れるような画面だ。耳を澄ましながら画面を旅したい絵だ。カップルで踊っている男性は、この絵を眺めている私たちの方を見ている。

まなざしの互酬性に注目しているジンメルは、耳は受け取る一方で与えることはしない、という。ジンメルの感覚の社会学の地平に注目していきたいと思う。

音、それは、人生の旅びと誰もがそこで生きてきた、また、生きつづけている環境や世界の指標、道しるべ、支え、よりどころなのである。音、音楽、雑音、騒音、環境の音、いわば音風景に耳を傾けるならば、私たちは、多元的現実の深さと人間の生活と生存の姿と方法、宇宙的自然と大地について深い思いを抱かないわけにはいかないだろう。いずこにおいても耳に触れるさまざまな音や音の多様な様相が体験されるのだ。

ある日、庭に出て、久しぶりで草取りをする。大地、土や苔や草との触れ合い、草を取る（むしる）時の音が耳に触れる。午前一一時すぎのことだったが、鳥の鳴き声、その鳴き声はしばらくして止んだが、こんどは、また、さきほどとは異なる鳥の鳴き声が樹間に響く。白木蓮が中心となっている庭だが、春になると庭の片隅、隠れたようなところにベツレヘムの星と呼ばれる花が咲く。いつのまにか姿を見せた花だ。キリストの降誕にともなった伝説の花であり、クリスマスツリーの先端部分に飾られる星、それがベツレヘムの星である。レオナルド・ダ・ヴィンチが、ベツレヘムの星とアネモネ＝風の花を描いている。素描である。

音の大地、音の河、音の庭に

人間も社会も、自然も文化も、さまざまな音とともにあり、人びとの人生や日常生活には、音や音楽が、まことに多様な状態で入ってきているといえるだろう。人間の生活と生存の深いところで人間の声・聲や音が日常的に体験されてきたのである。音の力や音楽の力がある。

ベートーヴェンは、「音楽は、不思議な力に満ちた大地だ。人間の精神は、そこに生き、そこで思考し、そして創造する」という言葉を残している。ジョン・ケージは、音の永続性に信頼を寄せており、音に音楽を託している。ソローは、音楽に安心感を感じ取っている。ジョン・ラスキン――「人生の音を正確に、正しいテンポで弾けば、人の一生は音楽になる」。つぎにアンリ・ベルグソン――「音楽は、日々の生活をおおっているヴェールを払いのけ、われわれを現実そのものと向かい合わせるためにのみ存在している」。（ミッキー・ハート、フレンドリック・リーバーマン編著、山田陽一・井本美穂共訳、音楽之友社、一三七ページ、一九一ページ、一四四ページ、ほか参照）

ポール・ヴァレリーは、音楽について次のように述べている（『ヴァレリー全集　カイエ篇　8　芸術と美学　詩学　詩について　文学　詩篇及びＰＰＡ』筑摩書房、八三ページ、六ページ、芸術と美学、三浦信孝訳）。

音楽は、純粋可能性を刺戟し活性化する最も強力な道具（非化学的な）である。
それは可能性の芸術だ。
一つの音が諸々の音の全体系をほとんど現前状態におく――そしてこれが楽音を雑音から本来的に区別する点である。雑音はそれを産みだした原因をさまざまに考えさせ、反射と行動の体験をとらせる――だがそれは、感覚の内在的系統の切迫状態を惹き起しはしない。

音楽における、あるいは言葉における沈黙。

音楽、諸々の変化を定着する唯一の芸術。

音の大地、音の河、音の庭――武満徹である。武満は、一音、一音に、音に、音と音との間《ま》に特別な関心を抱いていた。彼が見るところでは西洋の音楽、例えばベートーヴェンの場合、音楽は築き上げられていく姿を見せていたが、東洋の音楽は、掘りさげていくという表現がふさわしい人間の営みなのである。ジョン・ケージやイサム・ノグチなどに関心を寄せていた彼は、作曲を作庭、いわば音の庭づくりと心得ていたのである。沈黙と測り合えるような音――こうした表現に武満徹の態度と方法が凝縮されている。

時は過ぎて

柳田國男には市の声、山の声という言葉が見られたが、永井荷風には「巷の声」、「虫の声」、「鐘の声」と題された文章がある。音が声と結ばれていたような時代がある。音、声という言語感覚に注目したいと思う。時代の流れにおいて声から音へ、という方向性がうかがわれるのだろうか。物売りの声が人びとの耳に触れていたような時代があった。

二〇一一年一一月一日、小山田にいる。バス停は池谷戸だ。空には白い道と呼びたくなるような一筋の雲が浮かんでいる。澄み切った秋空だ。こぶしの樹木と木の葉が空にとけこんでいる。ここは〈風〉のトポスだが、今日、風はほとんど感じられない。もうだいぶ日がたっているが、吾亦紅《われもこう》の姿、形がくずれない。どことはなしに哲学的で音楽的な花と呼びたくなる。五線譜の音譜が空に舞っているようにも見える。吾亦紅のリズム感と空間性がある。広がりゆく音譜だ。

時は過ぎていく。過ぎ行く時によって生まれる意味がある。人間は意味のなかで、意味の大地で人生の日々を旅しつづけているのである。

感性の形式としての時空間

人間、時間、空間——言葉は別々だが、こうした言葉は、切り離しがたい状態で深く結びついており、あらゆる現象、事象、まさに万象が、時間と空間において理解される。

カントは、時間と空間を感性の形式と呼んだが、時間と空間は、感性の内容となっているようにも思われる。人間の生活と生存、人びと、それぞれの人生は、時間と空間によって形が与えられ、また、時間と空間によって意味づけられているといえるだろう。

メルロ＝ポンティは、大地は時間と空間の母胎だ、という。太陽が昇ってくる方向があり、太陽の動きがある。「太陽は日ごとに新しい」。ヘラクレイトスの言葉だ。古代ギリシアからの言葉の流れだが、〈目と太陽〉に注目していたゲーテにとっては目で見て確かめることが自分の方法だったが、感覚と感性は、五感と想像力において深く理解されるのである。

人間は、身体によって、感覚や感性、想像力によって環境や世界、大地や宇宙的自然、風景や音風景と結ばれている。人間の生活と生存を支えているすべてが、いわば人間の大地ではないかと思う。支えとよりどころ、道しるべなしで生きることはできない。宇宙的自然から始まって手もとや居住や生活の空間に見出されるこまごまとした品々、道具や作品にいたることごとくが、人間の支えやよりどころ、舞台となっているのである。

社会を出来事、生起するところの事象として理解したジンメルは、大都市の生活は、懐中時計と信号機によって支えられている、と述べている。生の哲学のジンメルだが、懐中時計と信号機とともに客観的時間が浮かび上がってくる。こうした時間は制度としての計測される時間だが、人間には内的時間意識（フッサール）があり、人びと、それぞれが体験した、みずからが生きた、時間、いわば意味づけられた人間的時間がある。限りなく深い日々や思い出によって支えられた生存の時間がある。こうした生存の時間、人間的時間とともに人間の相貌の輝きが増す。

ミヒャエル・エンデは、人間の心の大切さを強調している。文明によって切りくずされることのない人間の生存の重要性をめぐって数々の言葉が見られるが、エンデがいう内的時間に注目したい。時間に追われて人間性が失われていく事態にエンデは、警告を発している。

人生の旅びとは、できるだけ深く広い時間を生きながら一日、一日を意義深く築き上げていかなければならない。

「夜間飛行」の旅から

ドイツのミュンヘンに飛ぶ。二〇一一年一一月三日（木曜日）スケジュールでは成田空港からの出発は、一三時一〇分、ルフトハンザ航空715でミュンヘン到着は、同日の一七時二五分、実際には少し遅れて一八時を過ぎてからドイツの芸術文化の一中心地、ミュンヘン空港に降り立つ。

空の旅では風景と地図の微妙な関係や時間と空間の様相、時間感覚と空間感覚、移動感覚などが、如実に体験される。東京とミュンヘンの時差は、およそ八時間、同日に到着という空の旅だった。機内の客席のすぐ前のイマージュ、映像にはさまざまなデータが表示される。高度、速度、目的地（現地）までの所要時間、現地の時間などが、次々に示される。また、地図上のどこを飛行して、いま、どこの地点を飛行しているのかということが示される。位置の確認が持続的におこなわれたのである。空間と時間が、地球とともに凝縮されて体験される旅、それが空の旅だ。時差、昼と夜が、こうした旅においてクローズアップされてくる。

イマージュ、映像に表示された言葉がある。そうした言葉のひとつ——Uhrzeit am Zielort、現地、目的地の時間である。日本時間との時差がチェックされる。ドイツ語 Ort は、槍の穂先、一点、地点、その場所を意味する。ギリシア語、トポス τόπος とほぼ同義の言葉だ。

いまとここ——誰もがいつも気にかけながらチェックしていることだ。トポスというギリシア語には位置、ところ、場所、地点、家、部屋、坐席、また、村や町、都市などの集落などという意味がある。

空を旅したサン＝テグジュペリは、自分を空港を耕す農夫と呼んでいる。彼は人間を住まう者としてとらえているが、彼のまなざしは、空や雲に向けられていたばかりか大地と大地における人間の営みにも注がれていたのである。サン＝テグジュペリは、目的地やコース、方向から目を離さなかった人物だ。——「人生に意味を」という彼の言葉に注目したい。意味は、フランス語では、サンスSENSだが、この言葉には方向という意味がある。サンスという言葉には初めに感覚という意味がある。感覚には意味／方向が含まれているのだ。

「音風景としての環境の音」

瞬間的な音、持続的な音、リズミカルな音などさまざまな音があるが、音は消えていく。絵画の画面に見られる点や線や面、色彩、形、コンポジション、タッチ、明暗、光などは絵画と呼ばれる舞台にそのまま残っている。画面は幕が降りない舞台だ。絵画は光の到来であり、光景なのである。

消えていく音には音の深さと無限性、音の地平の広大な時間と空間が感じられる。音楽を時間芸術と呼ぶことがあるが、音楽の時間性と空間性に注目したい。音の強弱、音の遠近感において空間が体験される。トポス、場所の空間性やコンサートホールの様相に応じて音の効果や音響の様相が変化する。残響における音体験がある。環境の音を音風景と呼ぶ。風景は大地の様相であり、空間と時間の、また、環境の光景だが、さまざまな風景が音によって貫かれていることに注目したい。音によって風景の表情は、生き生きとした現実となっており、大地の息吹と生命感が、はっきりと体験される。現実感は重要だ。効果音と呼ばれる音がある。

「私は私と私の環境である。そしてもしこの環境を救わないなら、私をも救えない」といったオルテガ・イ・ガセーは、環境を風景として理解している。

人間にとっては大地とともに風景も、音風景も母胎なのだ。人生の旅びとの生活史に姿を見せている原風景があるが、耳の記憶、記憶の音風景によっても人間がかたちづくられてきたのである。

音は消えていくが、人びと、それぞれの記憶の音や耳底に残っている音があると思う。人びと、それぞれの生活と生存がさまざまな音とともにあったことを思う時、いたるところで耳に触れる音に、また、特別な音などに耳を傾けないわけにはいかないだろう。

絵画のなかの音風景

ところで絵画は音を立てない、ひたすら黙して語らず、と思っている人が多いかもしれないが、耳を澄まして画面を見るならば、人間の話し声やさまざまな物音、生活の音、自然の音、音楽、楽器の音色などが私たちの耳に触れる。耳を澄ましながら絵画作品を眺めるならば、絵画が時には多弁であること、さまざまな音が画面に流れていること、絵画が沈黙の舞台に終始するものではないことが、明らかとなる。フランス語では静物を死んだ自然、ナテュール・モルトと呼ぶが、静物画は、静物の舞台にすぎないわけではなく、静物はさまざまな生活や居住の環境やさまざまなトポス、例えば部屋に位置づけられているから、沈黙と音に耳を澄ましたいと思う。音が体験されなかったら画面は沈みこんだ状態となってしまうだろう。人物画は、黙して語らずの絵画に見えるが、顔は言葉と声と無縁な冷たい壁にすぎないわけではない。顔面には言葉や声が浮かび漂っているのだ。

風景は黙して語らず、と思っている人びとがいるかもしれないが、音風景となっている風景画やさまざまなジャンルの絵画がある。さまざまな画面の音は消えない。感性と想像力を働かせながら、耳を澄まして、絵画と呼ばれるドラマの舞台を体験したい。

大地や宇宙的自然、また、人びとの生活と人生は、音とともにある。だから絵画の主題や対象がどのようなものであろうと絵画的な光景、生活情景、風景は、音風景から切り離されているわけではない。確かに静寂に満ち満ちた絵もあるが、絵画を音風景として体験することによって絵画作品の遠近感と立体感、現実感と深み、絵画体験の驚きが体験されるのである。

音から切り離された時間と空間、環境と世界、トポスと道、大地と生活の舞台はない。音や音風景に耳を澄ますことによって環境や世界、人間の生活と生存の様相が、一層、深く現実的に理解される。人間の感性と想像力が、また、人間の感性と行動が、さまざまな音や音風景、音楽によってどんなにかゆたかに育まれてきたことだろう。

耳を澄ませば

ミュンヘンの絵画、アルテピナコテーク、ノイエピナコテークと呼ばれる世界的に名高い絵画館（ピナコテーク）がある。ここではいくつかの絵画に耳を傾けて、耳を澄まして画面と対話したいと思う。

○レオナルド・ダ・ヴィンチ――「聖母子」（一四七三年頃）――宗教画だが、背景には山岳風景が描かれており、風景画の始動がイメージされる。沈黙と静寂のなかで声や音に耳を傾けたい。

○ピーター・ブリューゲル――「田舎の結婚式」（制作年代不明）――遠近感をともなって田舎の人びと、男女がにぎやかに姿を見せており、踊る人びとのにぎやかな音や人びとの声、楽器の音色が耳に触れる。奥の方に花嫁の特別席がある。新郎はどこにいるのか。にぎやかな音の絵画だ。この二点は、アルテピナコテーク所蔵の絵画作品である。

次に、いずれもノイエピナコテーク所蔵の絵だ。

○マックス・リーバーマン――「ミュンヘンのビアガーデン」（一八八三―八四年）――屋外、木もれ日のなかに、緑ゆたかなところに大勢の人びとが集まって、野外、緑陰のひとときを過ごしている、ビールを飲んでいる人びと、談笑する人びと、母親と子ども、子どもたち、ビールを運んでいる女性……さまざまな人間関係と人間模様、日常生活と人生の日々などが表現されている。画面の後方、ビアガーデンの奥の方に音楽を演奏中の人びとが描かれている。緑陰の楽園にふさわしい音楽が流れている。この画面の手前にあたるところに地面に落ちてしまった人形を拾おうとして、しゃがみこんでいる少女が描かれている。人と人とのつながりと縁が気になる。家族像が浮かんでくる。生活画、風俗画だが、人間的空間と社会的世界が、緑陰の風景とともに描かれている。耳を澄ましながら、描かれている人びとのなかに入りたい。画面のほぼ中央にやや傾きかげんの椅子が描かれている。リーバーマンのトリックと呼びたくなるシーンだが、人形を拾おうとしている少女を描いているところにも彼の画才と感性がうかがわれる。ミュンヘンの人びとの生活情景の作品だ。

○ゴッホ――「織る人」（一八八四年）――織機を操りながら布地を紡ぎ出している男性が描かれているが、正方形の窓が内側に開かれていて、窓からは働いている農婦、一人とかなたの教会が見える。織機の音が耳に触れる。窓からいくらか風が入ってきているのだろうか。窓は目の通り道だが、家の目、部屋の目である窓は、風の通り道、音の通り道なのだ。

○グスターフ・クリムト――「音楽」（一八九五年）――聴き入るように楽の音を奏でている女性が装飾的に描かれている。独特の姿、形の楽器だ。絃に触れている女性の手に注目したい。まことに視覚的な音風景の作品だ。どのような楽の音色とメロディが私たちの耳に触れるのだろうか。

○クロード・モネ――「睡蓮」（一九一四―一七年）――描かれた白い花、睡蓮ひとつ、少しはなれたところに赤味をおびた睡蓮が三つ、花数は少ないが、印象的な水面だ。池は水鏡、空が映っている。数少ない睡蓮のリズム、花と花との間《ま》が体験される。モネは水の風景を描きたかったのだ。池のほとりでモネの耳にはどのような音が触れていたのか。

私たちは、家族三人で二度、フランスのジヴェルニー、モネの館の庭を訪れている。さまざまな花が咲き乱れていた庭と水の庭とのコントラストがみごとだった。四月初めだったので水の庭に睡蓮を見ることはできなかった。モネが描いたさまざまな睡蓮、水の庭は、印象という言葉にふさわしい風景画だ。水と音、風と音――こうした音風景に耳を澄ましたいと思う。ジヴェルニーの大地の音風景がある。

「目を閉じて」

武満徹が特に注目していた絵画がある。それは、ルドンの「目を閉じて」と題された作品だ。目を閉じた姿の女性が浮かび漂うような花々とともに描かれた絵画であり、同じ題名の作品が何点かある。目を閉じては、作曲を音の庭づくりと心得ていた武満にとっては、耳を開いて、耳を澄まして、だったのだ。水―夢―数字が、音の作曲家、武満徹において特別な意味を持っていたが、音の大地となっていたのは、彼の場合、水だったといってもよいだろう。信州、浅間高原、御代田《みよた》、武満の信州の家が御代田にあったが、散歩のおりに武満はコースにあった真楽寺に立ち寄っている。この寺の境内には湧水池があり、武満は、この池のほとりで曲想を思い浮かべていたのである。私たちは、長野、小諸を旅した時に御代田の真楽寺を訪れて、この湧水池のほとりに立ったが、この池は樹林を映すみごとな鏡池だった。

音の大地、音の河、音の庭、いずれも武満が用いた表現だ。「ノヴェンバー・ステップス」などの作曲家、武満徹は、音の大地と河をできるだけ深く生きながら、沈黙と測りあえるような音の庭を造園しようと試みたのである。音、一音、音と音との間《ま》に彼ほど心くばりをおこなった作曲家はいないだろう。武満の作曲だが、「そしてそれが風であることを知った」という作品がある。

からくり時計の鐘は鳴る

ミュンヘン――新市庁舎のからくり時計、グロッケンシュピール Glockenspiel は世界的に名高い。二〇一一年一一月四日、私たちは一〇時四五分頃に新市庁舎前の広場に到着して記念像のかたわらでこの庁舎の塔を見上げながら、仕掛けられた人形が動き出したり、踊り出したりする姿を待った。一一時、近くの鐘の音と新市庁舎の時鐘とがほとんど同時になり出し、それからこのグロッケンシュピールの開幕となった。カリヨンのメロディによって上段の人形・人物などが五分間ほど動き、まわり、それから下段の人形・人物などが五分間ほど動き、踊るという演出だった。鐘とカリヨンの音風景だった。ジャック・ル・ゴフには「教会の時間と商人の時間」と題されたエセーがあるが、ミュンヘンの新市庁舎の広場でグロッケンシュピールとともに、鐘の音とともに「教会の時間と商人の時間」のことがよみがえったのである。

ヨーロッパの諸都市やさまざまな場所では、鐘の音は、その大地、その都市の原風景となっているといってもよいだろう。

マックス・ウェーバーは、都市を異郷の人びとが集うところと呼んでいる。ウェーバーにおいては市《いち》が立つところ Marktort が深い意味を持っていた。――ミュンヘン、イザール川の右岸にはマックス・ウェーバー広場がある。ミュンヘン大学でのウェーバー、「職業としての学問」は、この大学でのウェーバーのスピーチである。

このミュンヘンの中央駅からスタートするといってもよい通りのひとつにゲーテ通りがある。「初めに行為があった」というゲーテの『ファウスト』の一シーンのファウストの言葉だけでゲーテは、社会学において、また、マックス・ウェーバーにおいて存在感がある人物だ。この『ファウスト』の一シーンに姿を見せた、言葉、意味、力、行為、これらのことごとくが、社会学や人間学において注目される。音や音楽がクローズアップされるシーンでもある。マックス・ウェーバーは、楽器や楽譜や音楽へのアプローチを試みている。マックス・ウェーバーとゲーテとの距離は近い。

城門の傍らにて——エンデのムゼウム

一一月四日、私たちは、新市庁舎広場の近くからタクシーを拾って、ミヒャエル・エンデの地へ Das Michael Ende Museum ——ミヒャエル・エンデのムゼウムは、ブルーテンブルク城の一画、建物の屋根裏部屋に設けられていた。窓からの景色、風景が、エンデの作品、仕事、彼のキャリア、社会的世界、人間的空間とともに、この城の地で体験されたのである。この城は、国際児童図書館となっており、エンデのムゼウムは、この図書館と一体となっていた。—— Das Michael Ende Museum in der Internationalen Jugend-bibliothek Schloss Blutenburg

ブルーテンブルク城、城とはいっても堅固な城砦、城塞、ではなく親しみやすい館という感じの建物だった。バシュラールは、世界の片隅である家を城、貝殻、繭、巣と呼んでいるが、このブルーテンブルク城は、城というよりは、どことなく繭、巣に近い感じの場所だった。水辺と水面が姿を見せており、その向こうの方には黄色い花畑、菜の花の大地が姿を見せていた。

エンデのムゼウム、記念の場所には、彼の作品、著作活動の品々などが展示されていたが、エンデの黒い帽子とステッキが展示されていた。ギターを楽しんでいたのだろう、ギターが展示されているコーナーがあった。日本に親近感をいだいていたエンデをしのぶために、このムゼウムには障子の片隅があった。広くはない場所だったが、屋根裏部屋の気配が漂っている空間が、印象に残っている。窓は開かれていたが、風の気配はなかった。いま、ブルーテンブルク城は、地球（大地の詩、ソローの表現）上で児童図書の中心地、発信地となっているところであり、ミヒャエル・エンデにふさわしい大地となっている。

誰であろうと人生の旅びとは、まことにさまざまな体験が重層的に交差するところで、宇宙的自然および大地とひとつに結ばれながら、人びとのなかで、人びとともに、人生の一日、一日を生きつづけている。環境と世界において誰もがこの私はいったい誰なのか、という問と向き合いつづけている。時間と空間、自分の居場所と位置、状況などを確認しながら人間的世界の構築に取り組みつづけている私たちにとって自分とは異なる他なるもののことごとくが、私たち、それぞれの生活と生存のための支え、よりどころ、手がかり、足場、道しるべとなっている。

さまざまな音や色や形などによって私たちはどんなにか救われてきたことだろう。光が乏しくなると色や形などが不明となり、真っ暗闇の状態ではどうしようもない。視界が閉ざされても音は耳に触れる。音に寄せる私たちの信頼感がある。

霧のザルツブルク

二〇一一年一一月七日（月曜日）、ミュンヘン中央駅発、九時二七分の列車でモーツァルトの生まれ故郷、オーストリアのザルツブルクに向かう。出発の時からいくらか霧がかかっていたが、そのうちに濃霧となり、白い闇が訪れる。視界が閉ざされてしまう。一〇時一三分頃から霧が消えていき、青空が見え始める。一〇時二五分、太陽が姿を見せる。日が射してきた。波打つ大地のおだやかな風景や家々、集落の景観などが車窓に浮かぶ。耕された大地、湖水、遠くの山なみ、牧場、一筋の道、さまざまな林が目に触れる。黄葉の風景だ。

柳田國男は列車の窓を〈風景の窓〉と呼んだが、こうした窓の魅力は、はかりがたいほど大きい。部厚い音の壁のなかに閉ざされてしまうことなしに大地の片隅、片隅において人間の救いとなるような音に耳を澄ましながら人生行路を歩む楽しみを深めていきたいものだ。

いずこにおいても大地は織物や図柄や模様のような姿を見せている。ソローは、地球を生きている詩と呼んでいるが、生きている詩は、まことにさまざまな音とともにあることをこの現代において深く理解しなければならない。風景と並んで音風景によって人生の旅びとにもたらされる恩恵が、いかに多いことだろう。人間の生活と生存の舞台と方法となってきた音に耳を傾けながら、耳を澄まして日常生活を営んでいきたいと思う。

デルポイの神殿の銘〝汝自身を知れ〟という言葉を音への方向性において理解することも有意義なことだと思う。

＊このエセーは、音風景、音の社会学、社会学、感性行動学の研究者、山岸美穂との対話によって支えられた作品である。（二〇一一年一一月七日）

〈参考文献〉


山岸健『日常生活の社会学』NHKブックス309、21版、日本放送出版協会、一九七八年。

山岸健『絵画を見るということ　私の美術手帖から』NHKブックス786、3版、日本放送出版協会、一九九七年。

山岸健・山岸美穂『日常的世界の探究　風景／音風景／音楽／絵画／旅／人間／社会学』3版、慶應義塾大学出版会、一九九八年。

山岸美穂・山岸健『音の風景とは何か　サウンドスケープの社会誌』NHKブックス853、3版、日本放送出版協会、一九九九年。

山岸美穂『音　音楽　音風景と日常生活　社会学／感性行動学／サウンドスケープ研究』初版、慶應義塾大学出版会、二〇〇六年。

山岸美穂・山岸健『感性と人間　感覚／意味／方向　生活／行動／行為』初版、三和書籍、二〇〇六年。

山岸健『レオナルド・ダ・ヴィンチへの誘い　美と美徳・感性・絵画科学・想像力』初版、三和書籍、二〇〇七年。

山岸健〈責任編集〉編集　草柳千早・澤井敦・鄭暎恵『社会学の饗宴　Ⅰ　風景の意味—理性と感性—』、『社会学の饗宴　Ⅱ　逍遥する記憶—旅と里程標—』三和書籍、二〇〇七年。

山岸健・山岸美穂『日常生活と旅の社会学　人間と世界／大地と人生／意味と方向／風景と音風景／音と音楽／トポスと道』初版、慶應義塾大学出版会、二〇〇八年。

幸田文／青木玉編『幸田文　台所帖』平凡社、二〇〇九年。

結びに

言葉の花束

あなたの生活の音がビューティフルでありますように。

お聞きなさい、一つの絃が別の絃のやさしい夫となり、調和しながらそれぞれがひびきあうこの調べを。まるで父と、子と、しあわせな母が、一体となって一つの快い歌を歌っているようではありませんか。

多くの音なのに一つと聞こえるこの言葉なき歌は、あなたに歌っているのですよ、「独りは無に帰す」と。

ウィリアム・シェイクスピア「ソネット八番」

＊なお、右のシェイクスピアについては（エピグラフ）『シェイクスピアのソネット』（小田島雄志訳、文藝春秋社）の訳にならって、と訳者が記している。

子どものころ、わたしにとっての主たるサウンドスケープは、家と、家の周囲の野原や森から聞こえてくるさまざまな音だった。

バーニー・クラウス

バーニー・クラウス『野生のオーケストラが聴こえる　サウンドスケープ生態学と音楽の起源』伊達淳訳、みすず書房。

［ベルニスあての言葉］

生存していくためには、自分の周囲に永続的な現実が必要だ。（中略）目に見えない地下の川が人間の家の壁を、思い出を、百年も育むのだ。それがその家の魂だ。

サン＝テグジュペリ

サン＝テグジュペリ『夜間飛行』堀口大學訳、新潮文庫、一八二ページ。

愛宕山から

東京の都心部ということもできるエリアだが、愛宕山の山麓のとあるインにいる。この山は標高は二十数メートル、小山のふもといったほうがよいかもしれないが、それでも山は山だ。

東京の下町、水が近いところに住んでいた日本画家・鏑木清方のエセーに見られることだが、愛宕山は月見の名所であり、清方は愛宕山に登って月の出を迎えたことがあったようだ。愛宕山は下町と山の手のほとんど境界線にあたるようなところに位置しており、微妙なところだ。

麻布市兵衛町、今日の東京・アークヒルズ界隈に住んでいた永井荷風は、散歩の折に愛宕山を訪れて、山上から品川の海、東京湾を眺めている。この山は荷風の展望台となっており、広々とした風景体験の場所だった。愛宕山はなかなかの山だったのだ。

この山には愛宕神社があり、境内にいたる急角度の長い石段は、物語も手伝って名高い由緒ある石段だ。山上にはＮＨＫの放送博物館がある。日本における放送、事始めの地だ。

愛宕山から赤羽橋方面に向かう。芝公園や増上寺に接するあたりを抜けて、三田通りに入る。まもなく三田の山だ。かつては都電の３番が走っていた路線の道である。三田の山、丘の上に姿を見せているのは慶應義塾の三田キャンパス、この学塾の中心となっているところだ。

もうずいぶん前のことだが、昭和三〇年代、四谷見附から都電に乗車、赤坂見附に近づくと電車は坂をくだる。左手には壕、ボートが浮かんでいた。電車は溜池や虎ノ門を通り飯倉方面へ、坂をのぼり、坂をくだって、赤羽橋、起伏や水が体験された都電のコースだった。このルートやコースで体験された山の手があった。

山の手――地形とエリアに人間の身体の一部分の名称が姿を現している。一八世紀のイタリア・ナポリ生まれの歴史家、思想家であるヴィーコの着想を思い出す。窓は家の目であり、さまざまな口がイメージされる。ヴィーコを援用するならば、川が海に流れ注ぐところは河口である。

音風景、それは環境の音

数年間、三田の山の慶應義塾で教壇に立っていた永井荷風は水、いわば川と河岸と橋において東京の下町を、坂と崖と樹木において山の手をイメージしている（『日和下駄』）。

四谷見附から慶應義塾前までの都電3番ルートの日々の乗車体験は、振り返って見ると、まことになつかしく、楽しい車窓体験だった。都電の走行音やスタート時の合図の信号音、街頭や街路、都市空間のそこ、ここのさまざまな音、雑音や騒音、さまざまな車の音などがおのずから体験されたのだった。都市空間は音のるつぼだが、静寂の地もある。その場所やその土地に特徴的な音もある。土地柄やその場所の模様となっている音がある。音模様がイメージされる。音の地図、サウンド・マップが作成される。都電は都市の音風景、サウンドスケープへのアプローチにあたって有力な方法だった。

時代はさかのぼるが、島崎藤村の飯倉時代がある。都電3番のルートからいくらかはずれてはいるが、飯倉での日常生活を営んでいた時、藤村の耳に触れていたさまざまな物売りの音があった。かつての東京では季節、季節の折々の物売りのさまざまな音は、なかば季節の音であり、市井の生活のリズムともなっていたのである。物売りの声は、心に響いていた、なつかしい生活の音だった。

時代とともに消えていった音があり、時の流れとともに人びとの耳に触れるようになった音がある。音や音風景は時代やところ、場所、世界の片隅などにおいてまことに多様だ。家庭や居住空間、近隣の住宅地や都市空間、山間部、山麓、各地方、地方などで人びとの耳に触れた音はいいようがないほど変化に富んでいる。

音の博物誌、音の絵本、音の宇宙、音の大地がイメージされる。

音風景、サウンドスケープ—それは環境の音をさす。三田通りを国道1号線が通っている。都心部へ向かう時、この1号線は三田の山に近づくと右折して三田通りに向かい、この通りに入ると左折、東京タワーがランドマークとなっているのだが、赤羽橋方面に向かう。方向が気になる国道だ。左方向に三田の山が姿を現す。

三田の丘の上に

終戦後、数年たった頃だったが、建築家の谷口吉郎が日系アメリカ人の彫刻家、イサム・ノグチとともに戦災復興が必要とされていた三田山上の慶應義塾のキャンパスを訪れる。その際、丘の上、山上に立ったノグチは谷口に向かって「ここはアクロポリスだ」とそういったのである。

アテネのアクロポリス、高い場所と三田の台地、山とがひとつに結ばれる。アクロポリス讃歌である。

　このアクロポリスの東南の地に福澤諭吉（敬称略）の私宅があった。教育者、思想家、実践家、九州・中津藩に生まれた福澤は、この三田の山の立地と地形、環境におおいに満足して、この大地の一画を高燥の地と呼んでいる。身体に深い関心を抱いていた気力と勇力の人、平等と独立、家族と家庭に特別に関心を払っていた人物、福澤諭吉は、読書や教育に注目しながらも演説に力を入れていた思想家、活動家である。身体を鍛えるための努力を怠らなかった福澤は散歩、散策の人でもあった。三田山上の東南、福澤ゆかりの地には〈福澤記念園〉と刻まれた記念の自然石が姿を見せている。今日では塾生の憩いの場所となっている。激しい騒音が立ち昇ってくる。

　このあたりから眺めると下のほうに三田通りや町なみの風景が広がっているが、崖際や崖地が体験される。音の場所だ。荷風が坂と崖と樹木といった山の手の地形や風景は、みごとなまでにそのまま凝縮された状態で三田の山で体験される。ここは山の手の山の手なのだ。かつては崖際の山上、丘の上から東方、前方に海が見えた。よく晴れた日には、房総半島が見えたことを思い出す。荷風が品川の海と呼んだ海である。

　武蔵野の台地、山の手、さまざまな水、大川、隅田川、東京湾の下町。風景や音風景、環境や世界、雰囲気、印象、気分などが異なっている。三田は東京都港区の三田である。海とは縁が深いところだ。

　だいぶ前のことだが、ＪＲの田町から浜松町に向かう時、電車の車窓、左手方向の小高いところに、慶應義塾の赤煉瓦の図書館が浮かぶように見えたことを思い出す。重要文化財に指定されている、現在は旧図書館と呼ばれている大学のライブラリー、書庫棟にあたるところだが、赤煉瓦の外壁に大時計が姿を現している。数字が入る文字盤にあたるところには飾り文字、ラテン語で〈時は過ぎゆく〉―TEMPUS FUGIT―とデザインされている。一一文字だが、一二時にあたるところには砂時計が表現されている。外壁には日時計が見られることがあるが、三田山上では砂時計だ。ライブラリーの道から砂時計を識別するのは難しい。時刻を告げる音は耳に触れない。日時計と同じように静かな時計だ。耳を澄ますと音が聴こえるのかどうか。三田山上には本格的な日時計はないが、太陽や日照、日射しによって、この島原藩ゆかりの歴史的なトポス、場所のいたるところが、日時計の文字盤のようになるといってもよいだろう。光と影のシンフォニーが体験されるのである。

演説館――音の原風景の舞台

アクロポリス、三田の山の西南のやや小高いところだが、稲荷山の地に重要文化財、演説館が位置している。日本における演説事始めのトポス、場所、建物だ。サン＝テグジュペリは、夕べになると思い出の書物になる家という表現を用いたが、この演説館はトポス、家、部屋、座席であるとともにホドス、道、方法、旅、生き方、行為でもある、といってよいだろう。歴史的な建造物だが、内部の造りと様相にはどことはなしに演劇の舞台と客席といった景色が感じとられる。正面の舞台には〈福澤諭吉立像〉が飾られている。ここはまぎれもなく声とスピーチの殿堂であり、音の原風景の舞台なのである。外壁はなまこ壁だ。

この演説館に隣接している法科大学院棟の屋上庭園には、イサム・ノグチの抽象彫刻作品「無」が西方を背にして飾られている。太陽が沈みゆく方向にノグチの深い思いが注がれている。

三田の山は戦災をこうむった大地であり、戦時中、この山上を去って戦地に赴いた数多くの塾生がいたのである。戦没した塾生を追悼するための「青年像」（作品名［平和来（へいわきたる）］朝倉文夫作）が山上の東に面した小さな庭、福澤公園に飾られており、征きて還らぬ人びとのことを切々と思う銘板が添えられている。小泉信三、識とある。大きな被害を受けたこの山上は、戦争と平和の忘れることができないモニュメンタルな歴史的なトポス、ホドスなのである。

人間の社会が歴史的だというその理由は、こうした社会には歴史があるという理由によるのではなく、こうした社会が過去を記念碑として取り戻すからだといったフランス人、ジャン＝ポール・サルトル、昭和四一年、一九六六年の秋、ボーヴォワールとともにこのサルトルが三田山上に姿を現したその日のことが思い出される。二人の講演会に列席したが、それぞれの風貌とスピーチを忘れることはないだろう。歴史的な日である。

この山上にはいくつかの彫刻作品やさまざまな記念碑、記念建造物、戦後の日本の絵画史をみごとに彩っている絵画「デモクラシー」と題された壁画などが次々に見られる。「デモクラシー」は猪熊弦一郎の作品であり、西校舎の学生食堂を包みこんでいるような壁画だ。合唱、コーラスをしている人びとの姿も描かれており、耳を澄まして、目を見開いて鑑賞したい絵画である。

風が吹いてくると回転する、いわば風の彫刻作品がこの山上にある。飯田善國の作品、新図書館の入り口を建物（槇文彦の作品）と一体となって飾っている「知識の花弁」、そして西門へとくだっていく石畳の坂道のスタート・ラインともいえるところに姿を見せている「星への交信」である。風の状態によっては棒状のクロスしている金属製のオブジェがくるくる回っている。知識の花がゆるやかに動く日がある。

銀杏の樹木の下で

演説館の裏にはみごとな銀杏、イチョウが姿を見せているが、なんといってもすばらしい樹木は、キャンパスの中庭と接するところ、キャンパスの道に大空に向かって枝葉を繰り広げている姿を見せている特別な大銀杏だ。この山上の主、シンボルそのものともいえる樹木だ。この樹木を背景として、その近くに正面の舞台が設けられて中庭の広場にたくさんの椅子が用意されて、紅白の幕が張り巡らされた状態で私たちの大学卒業式が挙行されたことが昨日のことのように思い出される。昭和三二年、一九五七年の春のことである。奥井復太郎慶應義塾長のもとで、青空のもとでの卒業式、その頃、慶應義塾は戦後の復興の途上にあったといってもよい、そういう時代だった。

広がっているのは歴史家の時間であり、加わる時間が生の時間だ、そう書き記した人物がいる。サン＝テグジュペリだ。ミヒャエル・エンデは、時間とは生活だという。

永劫の祈り——美しくあれ、すばらしくあれ、と

福澤諭吉邸で家庭音楽会が開催されたことがある。身内や身近な人びととの和楽の音楽の演奏会だった。家庭は福澤自身にとってアルカディア、平和郷、理想郷、楽園だったにちがいない。

慶應義塾では当初、授業の合図として振鈴が用いられていた。振鈴を手にして歩く人の姿が目に浮かぶ。鈴の音色はどのような状態だったのか。今日では広く知られている〈ビッグ・ベン〉の音や音色によって授業が意味づけられている。

時は過ぎ去った。だが、日ごとによみがえってくる、思い出されることが、なんと数々あることだろう。歳月は生きているのである。過ぎゆく時とともにはっきりと浮かび上がってくる風景や音風景がある。

私は、今、ここで生きている、そのように叫びたくなることがある。生きること、それは人間、一人、一人の使命である。

サウンドスケープ、音風景—研究の扉を開き、その道と方向性をはっきりと示した先駆者、カナダの音楽家、研究者、実践家、R・マリー・シェーファー（敬称略）を三田山上に迎えた日がある。日本サウンドスケープ協会の催しに来塾した同氏を私たちが協会のメンバーとともに迎えて、アカデミックな集まりが開かれたその日の出会いと出来事を思い出す。私たちにとっては心地よい、うれしい、楽しい一日だった。歳月がたってから山岸美穂に届けられたメッセージがある。

あなたの生活の音がビューティフルでありますように。

マリー・シェーファー

音や音風景は宇宙や大地、環境や世界、人生や日常的生活への手がかり、足がかり、みごとな方法なのである。音は人びとのなかで、人びととともに息を吹きかえす。よみがえる。そうしたさまざまな音のなかには人生の旅びとにとって命綱や道しるべとなってきたような音や音楽がある。音楽は人生を生きる喜び、歓喜、慰め、楽しみ、ゆるぎない大地なのである。

ジャン・コクトーに『エリック・サティ』と題された作品がある。サティ、フランスの音楽家、作曲家、彼のつぎのような言葉が紹介されている（ジャン・コクトー、坂口安吾・佐藤朔訳『エリック・サティ』深夜叢書社、二五―二六ページ、四四ページ、雄鶏とアルルカン、佐藤朔訳）。

その中で泳げる音楽でも、その上で踊れる音楽でもない。**その上を歩ける音楽を。**

僕たちには地上の音楽、「日常の音楽」が必要なのだ。

家みたいに、僕が住める音楽を建てて貰いたい。

印象派は太陽を光線に、音楽性をリトムに代える。

フランス語リトムは、リズムを意味している。クロード・モネの名高い作品「印象、日の出」の制作年代は一八七二年、フランスのルアーヴルの港と海が太陽や舟・船などとともに姿を現す油彩画だ。耳を澄ましてこの港湾風景に目を見開きたいと思う。さまざまな太陽が描かれてきたが、モネのこの絵の太陽ほど勇気づけられる、晴れがましい太陽はないだろう。

花にこそ季節が宿る、時の神々と共に。

春夏秋冬、季節がゆるやかに移り変わっている。私たちの家庭の草木や草花、樹木のことごとくが季節の使者であり、花はそのまま花暦である。この庭にはオリーヴが植えられている。

椿の花が咲き、二月中旬からは沈丁花のつぼみが色づき始め、やがて開花、言葉では表現しがたい、郷愁の香りが庭に漂う。メーテルリンクは香りを空気を飾る宝石と呼んでいる。

あらゆる草花、花々を、しなやかな、やさしい宝石と呼びたい。人間のさまざまな思いや願い、祈りなど、人間の心をやさしく支えてくれる宝石であり、花は花飾りなのだ。

三月中旬、庭の白木蓮の花が咲き始め、やがて白い炎と呼びたくなるような花がまるで大空に舞うように、にぎやかに咲きそろったが、下旬にさしかかると雨風のためか花が散り始める。沈丁花の花は若緑へと変化している。香りの花と呼びたくなる草花がある。

玄関口から石段を下りて道に出る。すぐのところ、石垣のふもと、道端にスミレの花が咲き始めた。毎年のことだが、大切なスミレだ。石垣に取り囲まれた宅地に私たちの家が建っている。サン＝テグジュペリが夕べには思い出の書物になるといった家、家は家庭なのだ。庭はもともと楽園を意味している。玄関先には沈丁花が植えられており、銀杏や朴《ほお》の木、さらに梅などが姿を見せている。梅の香りがほのかに漂っていたが、その時期は過ぎ去った。草花はふとした時に咲き始める。花はどこまで偶然性なのか。

クロノスと呼ばれる公式の時間とともに、その時、チャンス、タイミング、ふとした時などといったカイロスとしての時間によって人生の日々が方向づけられているのである。意味づけられているのだ。

庭の片隅、軒先に毎年、春になるとベツレヘムの星が姿を現す。花が咲く。今年はこの花はまだ咲かない。草の細長い葉の群がりが目に触れる。まもなくベツレヘムの花が咲き、星が輝くだろう。今はまだベツレヘムのほとんど草だ。キリスト降誕の折に星々が大地に降り注いで花となったといい伝えられており、クリスマス・ツリーの最先端に飾られている星、それがベツレヘムの星である。星であり、花である。

三田の山、慶應義塾の東に面したモニュメンタルな小庭にベツレヘムの星が群生して花咲く季節がある。その近くの坂道の崖際に早咲きの桜の木が姿を見せている。石畳の道だ。

アネモネが咲いた

三月二五日、庭に面したガラスの引き戸を開けて庭の草木や草花を眺める。庭に置かれている鉢がいくつかあるが、そのひとつ、一昨年の春、鉢植えにしたアネモネの鉢、昨春も一年ぶりにアネモネが咲いたが、驚いたことに、この春も真赤な色彩のアネモネが一輪、久しぶりにその姿を見せていた。二五日になって、アネモネの姿に気づいたのだが、二、三日たった今日もアネモネはまるでつぼみの状態だ。花びらは開かない。

今年になってから花屋で求めたアネモネをなんと数多く描いてきたことだろう。線描のあとで水彩で画面を彩る。描きながら花の宇宙に入り、花と交わる。耳を澄まして花言葉に心を研ぎ澄ます。レオナルド・ダ・ヴィンチにはベツレヘムの星とアネモネを描いた素描がある。花に向かうということは、大地と大空に、自然に向かうということだ。

「糸巻きの聖母」には

話題の絵画作品、レオナルドの一点「糸巻きの聖母」を図版で見る。原画ではないが、なじみのレオナルドだ。彼の数々の多岐にわたる作品が、この一点とひとつに結ばれて、次々によみがえってくる。自然と大地、光と影、ぼかし（スフマート）、遠近法……などのレオナルドだ。――描かれた人物は二人、聖母子。聖母マリアの右手はこの絵を見ている私たちのほうにさし出されているようにも見えるが、幼な子キリストの頭部をやさしくなでているようにも思われる独特のポーズだ。レオナルドはほかの絵でもこうしたポーズの聖母の手を描いている。左手は幼な子を抱き支えている。幼な子キリストはというと、その左手と右手は、糸巻きのかせとり棒に触れており、左手の人さし指は上方を指さすような姿でこのかせとり棒に触れている。レオナルドの「洗礼者ヨハネ」の右手の人さし指は上方、天空を指さしており、レオナルドの手、人さし指と思わずいいたくなる。人さし指は、指のなかの指だ。聖なるもののほうへ――人さし指は方向そのもの、その指さす先のほうにはいったい何が姿を見せているのか。目に見えないものなのか。耳を澄ますほかないものなのか。

この「糸巻きの聖母」は明らかに宗教画だが、それだけで完了する絵ではない。この絵はみごとなまでに風景画でもあるといえるだろう。「モナ・リザ」についても「岩窟の聖母」や「聖アンナと聖母子」などについてもいえることだが、レオナルドは大地や地形や地質を草花や植物を、時には建築を、大空を、さまざまな自然や人工物、人物、人びと、さらに地図などを描いている。レオナルドは大地の画家であり、宇宙空間やさまざまな環境や世界を、そうしたものの片隅を描く。「糸巻きの聖母」には大地の片隅の橋が描かれている。岩肌や地層や地質、野山、平坦な大地や山すそ、海岸線、そして海、海上に浮かぶ島もこの画面に描写されており、明らかに風景が、また、光や風なども描かれているといってもよいだろう。空気感も、さまざまな音も、音風景もイメージされる。耳を澄まして、心をひとつにして、感性と想像力をするどく、しなやかに働かせながら、この作品をきめこまやかに旅したいと思う。音や音楽と絵画は、密接にしっかりと結ばれているのである。

ここからそこへ、かなたへ、「糸巻きの聖母」にはレオナルドが絵画の手綱と呼んだ遠近法が活用されている。レオナルドはここでは大地、陸地と海洋に迫っている。風景とは大地と大空の、宇宙の、また、海洋も加わってのシンフォニーなのである。音が消えてしまうことは、ほとんどない。

耳を澄まして

二〇一六年二月、アインシュタインが予言していた重力波についての発見が報道されて、大きな話題となっている。アメリカの研究チームによる発見だが、重力波を制御して雑音を取り除くと、まるで鳥の鳴き声のような音が聴こえてくるということだ。科学技術文明の先端の一場面だが、なんと鳥の鳴き声のような音である。

太陽系の一惑星、地球と宇宙、さまざまな自然に、身近なところや大地の片隅に注目したい。耳を澄まして、耳を傾けながら、一日、一日を大切にして、広く深く生きたいと思う。ふとした折に、思いもよらないところに〈希望〉の星や種を見出すことができるかもしれない。

画家ミレーは幼かった時、ブルターニュ地方のなつかしい生家で糸紡ぎの音、糸車が回る音や人声を耳にしたその記憶について文章を残している。糸巻きや糸車は庶民の日常生活とともにあった。大きな糸紡ぎ、糸車が描かれたミレーの素描がある。ミレーは人びとの生活と労働、家族と家庭の姿を描いたのである。

愛の画家シャガールの詩情にたゆたう時

画家マルク・シャガール――生まれ故郷、ロシアのヴィテブスクと異国、フランスのパリや恋人たちやふたり、花々などを描いた画家である。色彩の画家と呼ばれてきたシャガールは、まことにゆたかな感性と想像力の持ち主であり、人物や花や花束、大空や大地、家や集落、村落や都市、物語のシーン、サーカス、動物、人びとの人生や日常生活、楽器、音楽のシーンなどをのびやかに、やさしく、色彩の輝きとともに、さまざまな光のなかで、時には写実的に、時には幻想的に表現した心の画家である。日常性と非日常性が、夢想かと思われるようなコンポジションと方法で制作された絵画があり、シャガールの作品を眺めていると、夢がふくらみ、思いが広がり、また思い出がよみがえる。自分が生きている世界が変わり、広がる――シャガールの画風と画境、世界に注目したいと思う。絵画の力には特別なものがある。絵画と音楽と人生、人びと、日々の生活が渦巻くところにシャガールが姿を現している。アルカディア、平和郷や理想郷がイメージされる作品が数多い。音風景の絵画がある。

大空からの眺め、大空を晴れやかに飛んでいるような人物、二人、まさにシャガールだ。「思い出」と題された作品があるが、彼の絵画は、ある意味ではことごとく思い出と記憶の作品だ。セーヌ川やエッフェル塔、パリのそこ、ここが描かれた絵があり、ほかにも大空から大地を見おろした鳥瞰図、鳥の目で描かれた作品もある。

シャガールは愛の画家である。異邦人としての故郷の画家である。彼はヴィテブスクとパリのあいだで宙づりの状態で生きた人物ではない。シャガールは、そのいずれの大地においても、愛や家族や家庭をよりどころとして、シャガールとなろうとして人生の一日、一日を築いていった人生の画家である。

旅の日々、私たち家族はイタリアの各地を旅してから地中海地方へ。コートダジュールのニースを訪れる。海岸通りを歩き、やがて小高いところにあるシャガール美術館に向かった。地中海は眼下、少し先のほうに。光彩、みごとな色彩、ファンタジーゆたかな画面を耳を澄まして散策したことを思い出す。思い出と愛が満ちあふれていた絵だった。

ドイツのマールブルクで学究生活を営んでいた哲学者の九鬼周造は冬期、ニースを訪れて、この暖かな地中海の海岸で日々を過ごす。朝、下のほうから窓ごしに響いてくる楽の音色があった。流しのグループの姿があった。

ニースの花売り市場、まことにさまざまな草花、花々が勢ぞろいして華やかな色彩的な光景が体験されたのだが、九鬼は色彩の交響楽という表現を用いて、競い合うみごとな花畑の風景に注目している。さまざまな花々のなかにアネモネが姿を現している。

人から人へと手わたされる花束がある。シャガールのまなざしとパースペクティヴ（遠近、眺望、視野）――男女二人が大空に舞い上がっているような姿が描かれている。男性の手から女性の手へと手渡される花束であり、愛のメッセージだ。二人は愛と信頼によってしっかりと結ばれる。シャガールは愛の讃歌である。彼の絵を見ているといつも家族と家庭に思いが傾く。

前へ一歩と、希望を抱くこと

三月中旬から下旬、四月初めになると、いつもギリシアへの旅やフランス・パリへの旅を思い出す。デルポイでは黄色い小花が咲いていた。アクロポリスに立った時、かなたにはエーゲ海が見えた。春、私たちはパリから日帰りでミレーゆかりのバルビゾンへ。ミレーの家を訪れる。フォンテーヌブローの森へ。この森のなかで拾った枯れ枝が今、手もとにある。私たちの旅の記念の一枝だ。明るい森だった。

今パリでは春の花が美しく咲き乱れていることだろう。春のパリは花の都である。私たちはブーローニュの森を歩いたが、石の森、ノートル＝ダム寺院をいったい何度訪れたことだろう。この石の森で私たちはパイプオルガンの音色、森を吹き渡る風の音や小鳥のさえずり、鳴き声を聴いたのである。

ノートル＝ダム、聖母マリアのこの寺院の大きなバラ窓は光彩、みごとな色彩のすばらしい窓・目だ。光を浴びるとこの目は一段と光りかがやく。歓喜の目となる。色づけられた光線によって美しい虹が体験される。ゲーテは虹に人生をイメージしている。実体ではない虹の魅力がある。大空を彩る美しい虹に気づいた時、虹を見つづけない人がいるのだろうか。

虹──人生のたぎり落ちる激流の上にかかる虹、希望をこうした虹と呼んだ人物がいる。ニーチェである。ローマ時代の言葉だが、つぎのような言葉に共感している。

Spero dum spiro.／生きているかぎり私は希望をいだく。

私が息をしている（spiro）間は、私は希望をいだく（spero）という意味の表現だが、勇気が湧いてくるようなメッセージではないだろうか。希望を抱くことは、まことに人間的な姿だと思う。

人生、混沌とした状態がイメージされるようにも感じられるが、とにかく一日、一日をできるだけ晴れやかに、生き生きと前へと一歩、一歩、歩みつづけたい。

文献　柳沼重剛『ギリシア・ローマ名言集』岩波文庫、一〇四ページ、ローマの部。

草地の朝を、アネモネが

あらゆる絵画は音楽的な花である。光そのものである絵画は花に結晶している。さまざまな絵画は開花なのであり、光と色彩、形、コンポジション、線などによって支えられた新たな大地だ。ソフトなまなざしや目であり、手だが、絵画は目や手であるばかりか耳でもあるといえるだろう。

サン＝テグジュペリの『星の王子さま』（原題名は『小さな王子』）にはバラが姿を見せているが、バラやアネモネは、さまざまな画家の絵ごころを動かしてきた花であり、絵画の花である。

リルケの『初期詩集』につぎのような言葉が見られる。——「人生を理解しようとはしないがいい。／そのときそれは祝祭のようになる」。つぎにアネモネが姿を現しているリルケの詩を見たいと思う。

アネモネの、草地の朝を次第次第に／ひらいてゆく花びらの力よ、
やがて高らかに明け渡った空の多音の／光が花のふところにまでふりそそぐ。

大空と大地、光、アネモネがひとつに結ばれる。草地の朝である。「多音の光」——イメージがふくらむ。どのような色模様のアネモネなのだろう。群生しているアネモネなのか。アネモネは風の花である。

今、家の庭に置かれている鉢植えのアネモネ、その色は赤、まだ眠りについている。あと数日で花びらが開くのだろうか。

文献　『リルケ詩集』高安国世訳、岩波文庫、一七ページ「人生……」、一六〇ページ「アネモネの……」。

人生という祝祭に

人生を軽々と生きることはできないだろうが、人生をあまりにも深刻に受け止めることは苦しい。見方によっては、また気持ちの持ち方によっては、人生を楽しく生き生きと生きることができるだろう。

人生は祝祭だ。人生は明らかに人間の讃歌なのである。誰もが日々、自画像を描きつづけている。

パリ、リルケゆかりの宿、マン・レイやアラゴン、モンパルナスのキキ、マルセル・デュシャンなど広く知られた人びとの宿——ホテル・イストリア、セーヌ左岸のモンパルナス界隈と地つづきの都市空間だが、カンパーニュ＝プルミエール街・通りにこのイストリアが姿を見せている。私たち家族のパリの常宿である。星二つの小さなホテルだが、隅々にいたるまで、ことごとくパリの香気とフランスが体験されるトポスである。私たちの生活史の大切な思い出の舞台だ。イストリアでの日々、パリ、左岸、右岸のさまざまな地点での私たちの活動は、今もはっきりと目に浮かぶ。耳によみがえってくるさまざまな音や音楽がある。パリは私たちにとって、まちがいなく〈アルカディア〉である。

いつも家族と家庭に特別な思いを抱いている。人情という言葉には、まことに深いものがあると思う。親密な水入らずの生活こそ、人間の生存と生命の源ではないだろうか。支え、恩恵、感謝……言

葉が尽きない。

この作品を慶應義塾での学習と研究、教育などのさまざまな場面でやさしく支えてくださった三人の恩師の先生方につつしんで捧げたい。

佐原六郎先生

奥井復太郎先生

有賀喜左衛門先生

いつも一緒だが、互いに支え合ってきた家族、山岸秀子と山岸美穂にこの作品を手渡したい。この書物、ふたつとない〈家〉は、三人の日常生活とさまざまな旅のなかで育まれてきた共同の作品である。

＊　＊　＊

特記させていただきたいことだが、この作品の成立、プラン、編集、文章の活字化、全体像、レイアウトなどさまざまな領域にわたる仕事においては、つぎの方々にご面倒をおかけしていろいろとお世話になり、多々、ご苦労をおかけしたことに心から感謝の意を表して、厚くお礼の言葉を申し上げたいと思う。

特に全体のプラン、構成、各部の小見出しの作成、作品についてのヴィジョン、アプローチなどにわたって、人文書館の道川文夫氏の心あたたまるやさしい、適切なアドバイスと支えをいただくことができたことは本当にうれしいことであり、まことに大きな幸いだった。ただ、ただ、心からの感謝である。人情あふれる助言によって新たな家・書物が姿を見せることになったことは、私たちにとって幸運なことである。

人文書館の方々――
代表者・道川文夫氏
道川龍太郎氏
多賀谷典子さん
田中美穂さん

人文書館の方々のご尽力によってこの〈花束〉が世に出ることになったが、この〈花束〉がどのような人びとの手に渡り、人びとの耳にどんな音や音楽が触れるのか、楽しみだ。確かに一冊の書物は〈家〉であり、口や目であり、耳なのである。

アネモネ、沈丁花、スミレの花々とともに。

二〇一六年三月二八日

山岸　健

【初出一覧】（本文構成）

序にかえて　ミレーの「晩鐘」と音風景《サウンドスケープ》、そして思い出の書物に。
（書き下ろし）

第Ⅰ部　ウィーン・シュテファン大聖堂の音——抒情と思索
〔原題〕光と音と人間——音楽／絵画／日常的世界——
（大妻女子大学・人間関係学部紀要、人間関係学研究７・二〇〇六年）

第Ⅱ部　秋の木の葉に、風が来《き》って——パリの遊歩街《パサージュ》と人びと
〔原題〕パリの都市空間と人間、人びと——風景と音、音風景——
（大妻女子大学・人間関係学部紀要、人間関係学研究10・二〇〇九年）

第Ⅲ部　天空のしたに、大地のうえに、詩人的に人間は住む
——人間の世界体験と人間の主体性《アイデンティティ》
〔原題〕人間の世界体験と人間のアイデンティティ　大地／自然と文化／風景と音風景
（作新学院大学・人間文化学部紀要、第五号・二〇〇七年）

第Ⅳ部　耳を澄まして——風のサウンドスケープ
〔原題〕風景と音・音風景／人間と社会——耳を澄まして——
（大妻女子大学・人間関係学部紀要、人間関係学研究13・二〇一一年）

結びに　言葉の花束　あなたの生活の音がビューティフルでありますように。
（書き下ろし）

【山岸 健　著作一覧】

〈主著〉

ＮＨＫブックス『レオナルド・ダ・ヴィンチ考—その思想と行動』

ＮＨＫブックス『日常生活の社会学』

『都市構造論—社会学の観点と論点』(慶應通信)

『社会的世界の探究—社会学の視野』(慶應通信)

『風景的世界の探究—都市・文化・人間・日常生活・社会学』(慶應義塾大学出版会)

ＮＨＫブックス『風景とはなにか—都市・人間・日常的世界』

ＮＨＫブックス『絵画を見るということ—私の美術手帖から』

『人間的世界の探究　トポス／道／旅／風景／絵画／自己／生活／社会学／人間学』(慶應義塾大学出版会)

『社会学の文脈と位相—人間・生活・都市・芸術・服装・身体』(慶應通信)

『社会学的人間学　絵画／風景／旅／トポス／道／人間／生活／生存／人生／世界』(慶應義塾大学出版会)

『レオナルド・ダ・ヴィンチへの誘い—美と美徳・感性・絵画科学・想像力』(三和書籍)

『風の花と日時計—人間学的に』(人文書館)

〈山岸美穂との共著〉

『日常的世界の探究　風景／音風景／音楽／絵画／旅／人間／社会学』(慶應義塾大学出版会)

ＮＨＫブックス『音の風景とは何か　サウンドスケープの社会誌』

『感性と人間　感覚／意味／方向　生活／行動／行為』(三和書籍)

『日常生活と旅の社会学—人間と世界／大地と人生／意味と方向／風景と音風景／音と音楽／トポスと道』(慶應義塾大学出版会)

〈共著・共編著〉

『人間福祉とケアの世界—人間関係／人間の生活と生存』小池妙子・中川秀恭・是枝祥子・藏野ともみ・佐藤富士子・丹野真紀子との共著

『社会学の饗宴〈１〉風景の意味—理性と感性』澤井敦・鄭暎惠・草柳千早との共編著

『社会学の饗宴〈２〉逍遥する記憶—旅と里程標』澤井敦・鄭暎惠・草柳千早との共編著(いずれも三和書籍)

『現象学的社会学—意味へのまなざし』江原由美子との共編著(三和書房)

『家族／看護／医療の社会学—人生を旅する人びと』共著(三和書籍)

『希望の社会学　我々は何者か、我々はどこへ行くのか』草柳千早・浜日出夫との共編著(三和書籍)など。

山岸 健…やまぎし・たけし…

1934年 新潟県長岡市生まれ。

1957年 慶應義塾大学文学部哲学科社会学専攻卒業。

同大学大学院社会学研究科社会学専攻博士課程単位取得満期退学。

1967年秋から1年間、イギリス留学（ロンドン大学、ＬＳＥ）。

慶應義塾大学教授、大妻女子大学教授を経て、
現在、慶應義塾大学名誉教授、大妻女子大学名誉教授。社会学博士。エッセイスト。

非常勤講師：東京大学、東北大学、一橋大学、横浜国立大学、山口大学、中国人民大学（北京）、作新学院大学、国際基督教大学（ＩＣＵ）、立教大学、明治学院大学、桐蔭横浜大学ほか。

〈研究領域〉社会学の理論と学説、社会学的人間学、文化社会学、芸術社会学、都市社会学、風景論、感性行動学、生活空間論。


2013年秋に、瑞宝中綬章受章。

主な著書に、ＮＨＫブックス『日常生活の社会学』、『社会的世界の探究』（慶應通信）、『風景的世界の探究』（慶應義塾大学出版会）、ＮＨＫブックス『絵画を見るということ　私の美術手帖から』、『人間的世界の探究』（慶應義塾大学出版会）、『日常生活と人間の風景』『レオナルド・ダ・ヴィンチへの誘い』（いずれも三和書籍）、『風の花と日時計―人間学的に』（人文書館）。

主な共著に、ＮＨＫブックス『音の風景とは何か』、『日常生活と旅の社会学』（慶應義塾大学出版会）（いずれも山岸美穂との共著）、『希望の社会学』（三和書籍）（草柳千早、浜日出夫との共編著）。

山岸美穂…やまぎし・みほ…

1967年～2005年。
東京都町田市生まれ。
1989年 慶應義塾大学文学部人間関係学科社会学専攻卒業。
1994年 同大学大学院社会学研究科社会学専攻博士課程単位取得満期退学。
1993年～95年 日本学術振興会特別研究員、2002年～2005年 作新学院大学人間文化学部助教授。
非常勤講師：慶應義塾大学、山口大学工学部（「感性行動学」）、大妻女子大学、神田外語大学、早稲田大学商学部（「音楽」）、慶應義塾大学文学部特別招聘講師（「音楽」）ほか。
〈研究領域〉社会学、感性行動学、サウンドスケープ研究、日常生活の社会学、環境社会学、文化社会学、音楽社会学、生活空間論。
著書に、『音　音楽　音風景と日常生活』（慶應義塾大学出版会）、山岸健との共著に、『日常的世界の探究』『日常生活と旅の社会学』（いずれも慶應義塾大学出版会）、ＮＨＫブックス『音の風景とは何か―サウンドスケープの社会誌』、ほかに、“Multisensuelles Design.Eine Anthologie” Herausgegeben von Peter Luckner, Halle(Saale)2002など。

山岸　健…やまぎし・たけし…

慶應義塾大学名誉教授、大妻女子大学名誉教授。
社会学博士。エッセイスト。
研究領域：社会学の理論と学説、社会学的人間学、文化社会学、
芸術社会学、都市社会学、風景論、感性行動学、生活空間論。

山岸美穂…やまぎし・みほ…

元作新学院大学人間文化学部助教授。
研究領域：社会学、感性行動学、サウンドスケープ研究、
日常生活の社会学、環境社会学、文化社会学、音楽社会学、
生活空間論。

耳を澄まして　音風景の社会学／人間学
聖シュテファン寺院の音／巴里／旅すること
人間・身体／環境・世界／感性と想像力
音楽と絵画／時間の神／祈りの言葉

発行　二〇一六年六月一五日　初版第一刷発行
著者　山岸　健・山岸美穂
発行者　道川文夫
発行所　人文書館
〒一五一-〇〇六四
東京都渋谷区上原一丁目四七番五号
電話　〇三・五四五三・二〇〇一（編集）
〇三・五四五三・二〇一一（営業）
電送　〇三・五四五三・二〇〇四
http://www.zinbun-shokan.co.jp
装幀　山岸　健
装本　道川龍太郎・多賀谷典子
印刷・製本　モリモト印刷株式会社

ISBN　978-4-903174-34-1
Printed in Japan